MORPHO Detail

Kleidung und Faltenwurf

Michel **Lauricella**

stiebner

Liebe Leser:innen,
wir freuen uns, dass wir euch mit diesem Buch inspirieren und Teil eurer kreativen Reise sein dürfen. Noch mehr Inspiration, originelle Ideen und besondere Themen findet ihr auf unserer Verlagsseite www.stiebner.com.

Lasst uns zusammen kreativ werden!

Wir sind immer offen für eure Anregungen, Wünsche und Kritik – schreibt uns gerne unter verlag@stiebner.com.
Da geteilte Freude bekanntlich doppelte Freude ist: Zeigt uns eure kreativen Ideen und fertigen Projekte auf Social Media! Markiert uns mit @stiebnerverlag und den Autor mit @atelier.morpho oder nutzt die folgenden Hashtags:
#StiebnerVerlag #StiebnerKreativ #MorphoDetail

Erstmals erschienen unter dem Titel »Morpho: anatomie des plis de vêtements« bei Éditions Eyrolles

Illustration: Michel Lauricella
Alle Illustrationen stammen vom Autor, mit Ausnahme der Fotografie auf Seite 4: Soichi Sunami (1885–1971) Martha Graham in Lamentation, 1930, Silbergelatineabzug, 9 1/2 x 7 1/2 Zoll, Sammlung der Sunami-Familie mit freundlicher Genehmigung des Cascadia Art Museum, Edmonds, WA, USA.
Die Zeichnung auf Seite 5 stammt aus L'Atelier de poche, Éditions Eyrolles, 2018.
Übersetzung aus dem Französischen: Anja Neudert
Cover: Danai Afrati
Layout: monsieurgerard.com
Projektleitung und Lektorat: Stefanie Klapetek
Gedruckt bei Graspo printing house, Tschechien
ISBN 978-3-8307-1463-7

Bibliografische Information der Deutschen Nationalbibliothek:
Die Deutsche Nationalbibliothek verzeichnet diese Publikation in der Deutschen Nationalbibliografie; detaillierte bibliografische Daten sind im Internet über http://dnb.dnb.de abrufbar.

www.stiebner.com

INHALT

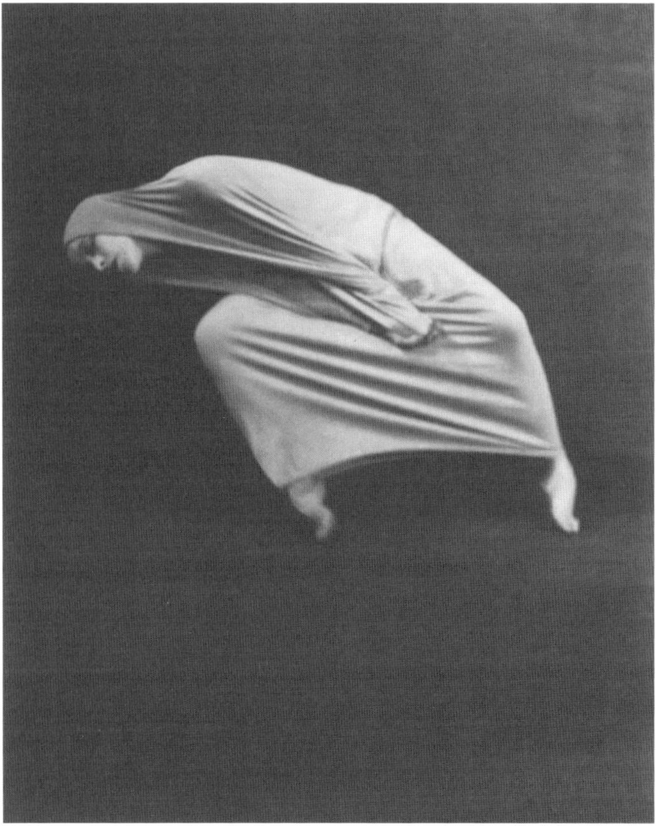

Soichi Sunami (1885–1971),
Martha Graham in Lamentation, 1930
Silbergelatineabzug, 9 ½ x 7 ½ Zoll (ca. 24 x 19 cm)

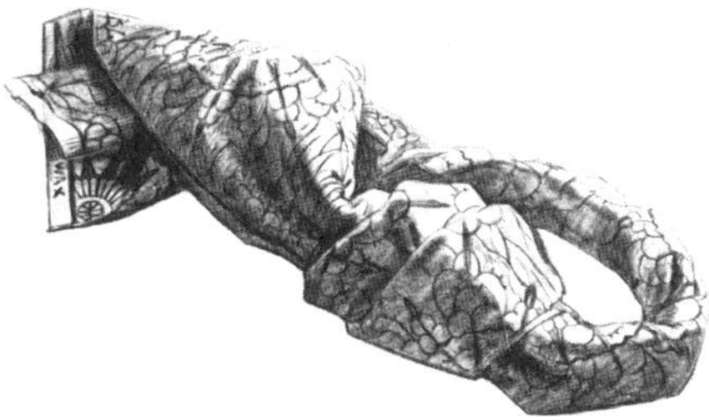

VORWORT

Der Faltenwurf von Kleidungsstücken ist ein uraltes künstlerisches Motiv, das seit der Antike in der Malerei und Bildhauerei verwendet wird. In den Händen Leonardo da Vincis entwickelte es sich sogar fast zu einem eigenen Genre. Mit Licht und Schatten versuchen die Künstler, im zweidimensionalen Raum das Material und das Volumen des Stoffes wiederzugeben.

Unterschiedliche Materialien wie Seide, Leinen, Nylon, Leder verhalten sich dabei ganz eigen. Weiche oder elastische Stoffe erzeugen fließende oder aber straff gespannte Falten, während steifes Material in Falten »bricht«.

In diesem Buch geht es jedoch gar nicht um die Falten an sich, sondern darum, anhand der Morphologie zu verstehen, wie Falten entstehen und welchen Zwängen sie unterliegen, zwischen »falschen« und »echten« Falten zu unterscheiden und ein Repertoire häufig auftretender Körperhaltungen mit typischen Kleidungsstücken zusammenzustellen. Aufgrund der Kürze des Buches schaffen wir es nicht, jedes mögliche zeitgenössische Kleidungsstück zu betrachten, geschweige denn historische Kostüme. Den Großteil macht westliche Kleidung aus, aber die dabei zu erkennenden Prinzipien lassen sich auch auf andere Stile übertragen. Du wirst verstehen, welcher Faltenwurf je nach Körperhaltung, Körperform und Kleidungsstück deiner Figuren entsteht.

EINLEITUNG

Der Philosophie der Morpho-Reihe folgend, werden wir die verschiedenen Figuren extrem vereinfachen, nur wenige exemplarisch betrachten und einfache, einprägsame Prinzipien ableiten, damit du realistisch zeichnen kannst. Die Abbildungen 1 bis 5 zeigen die wichtigsten Formen, denen du im Laufe des Buches immer wieder begegnen wirst.

Nimm mit zwei Händen ein rechteckiges Stück Stoff (Abb. 1) und lasse es in der Mitte durchhängen. Dabei legt es sich in bogenförmige Falten, wie sie auch bei einem Kleidungsstück entstehen, das zwischen zwei erhobenen Armen hängt, oder bei einem Rock, der im Sitzen über die Oberschenkel fällt, oder bei einem auf den Schultern aufliegenden Poncho.

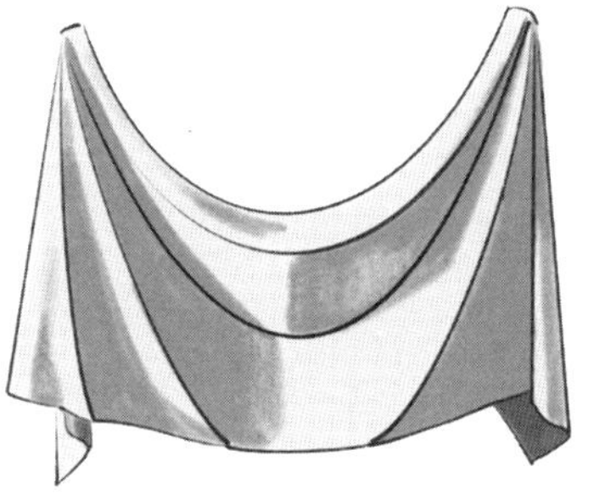

Abb. 1: Hängefalten

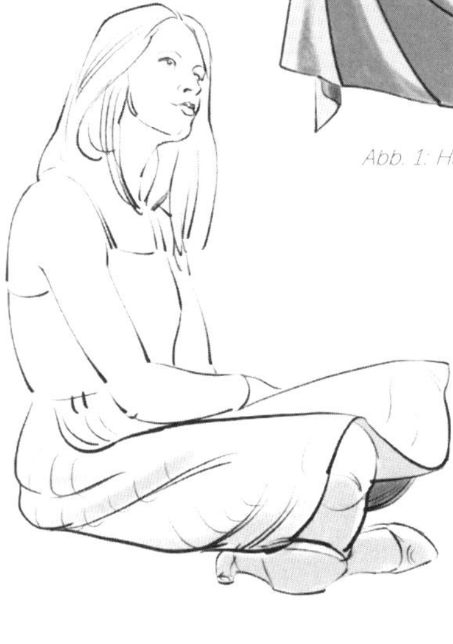

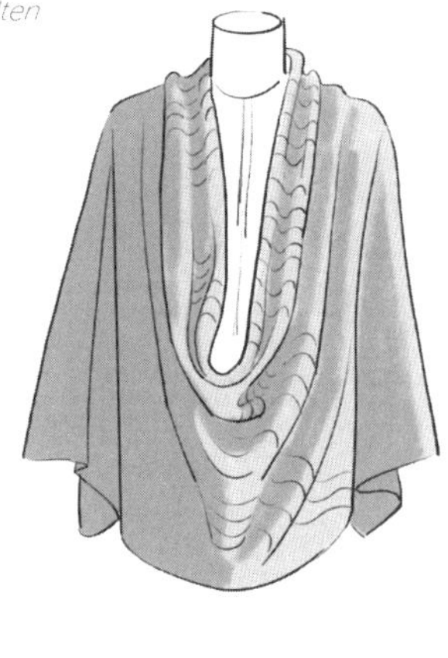

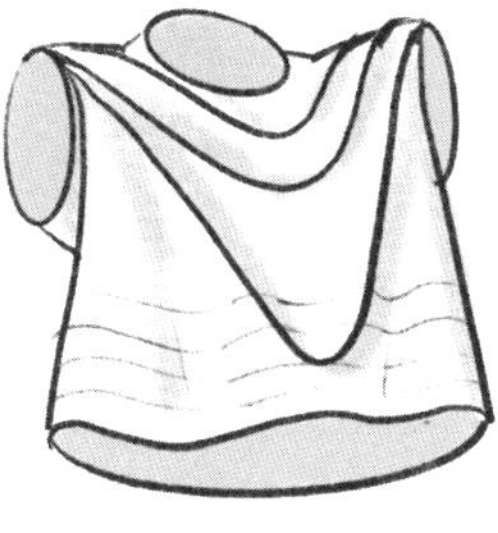

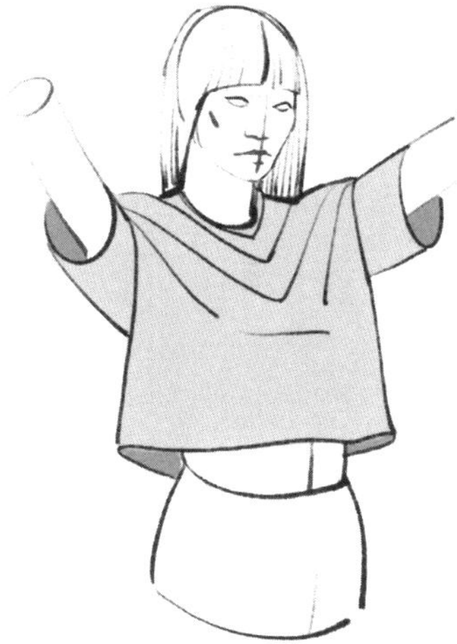

Stell dir nun vor, du wickelst Stoff um einen Zylinder und ziehst daran (Abb. 2). Der Stoff legt sich wie ein Band eng um die Form. So verhält sich auch Kleidung in vielen Körperhaltungen.

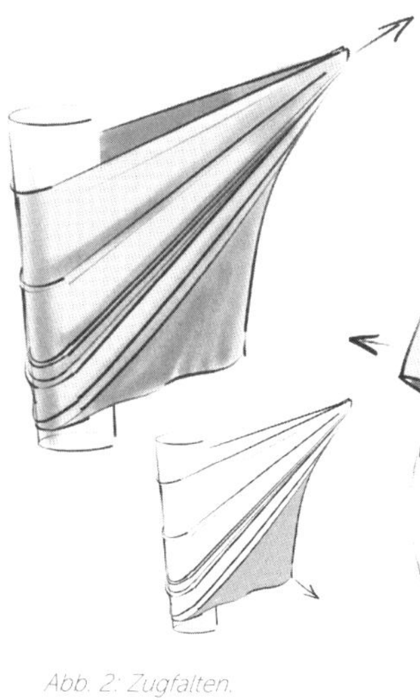

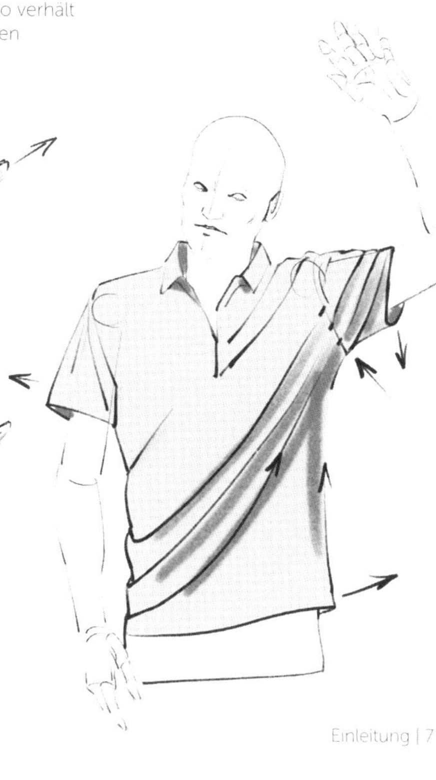

Abb. 2: Zugfalten. Beachte den dreieckig abstehenden Stoff.

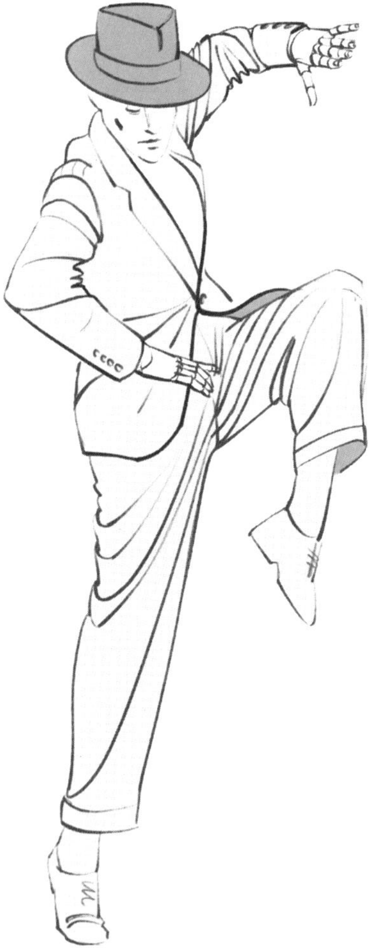

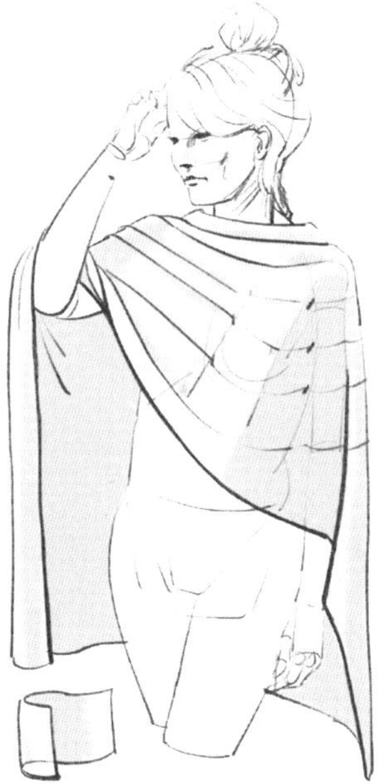

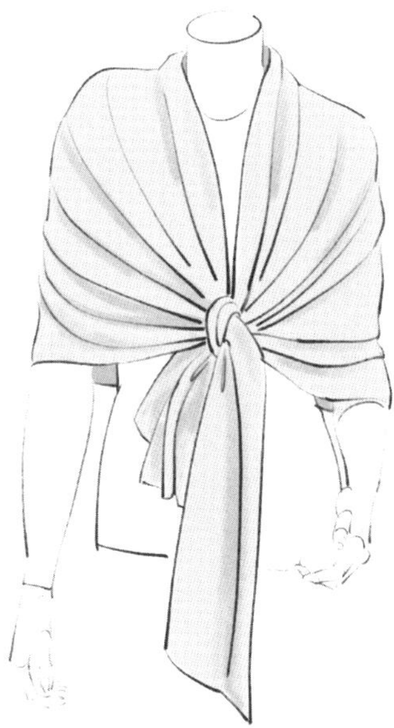

Wenn man ein Bein oder einen Arm anhebt, bilden sich durch den Zug Falten in Richtung der Bewegung. Auch ein Knoten kann der Ausgangspunkt von Zugfalten sein.

Umwickle deinen Zylinder nun mit einem Stoffschlauch und biege ihn (Abb. 3). Dabei entstehen schräge Beugefalten im Winkel der Beugung, die am Zugpunkt zusammenlaufen. Nach dem gleichen Prinzip wie eben ergibt sich auch hier ein dreieckig abstehendes Stoffstück. Ein gebeugter Arm oder ein gebeugtes Bein rufen eine ähnliche Form hervor.

An Hosenbeinen und Ärmeln findet sich diese Art von Falten – und auch das abstehende Dreieck, wenn das Kleidungsstück an den Enden nicht etwa durch ein Gummiband oder einen Manschettenknopf festgehalten wird.

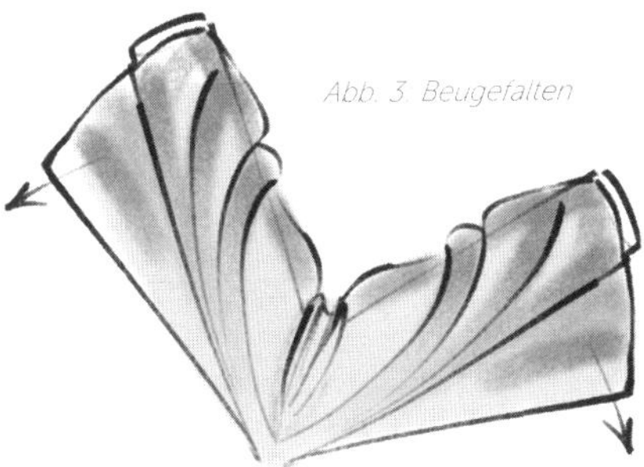

Abb. 3. Beugefalten

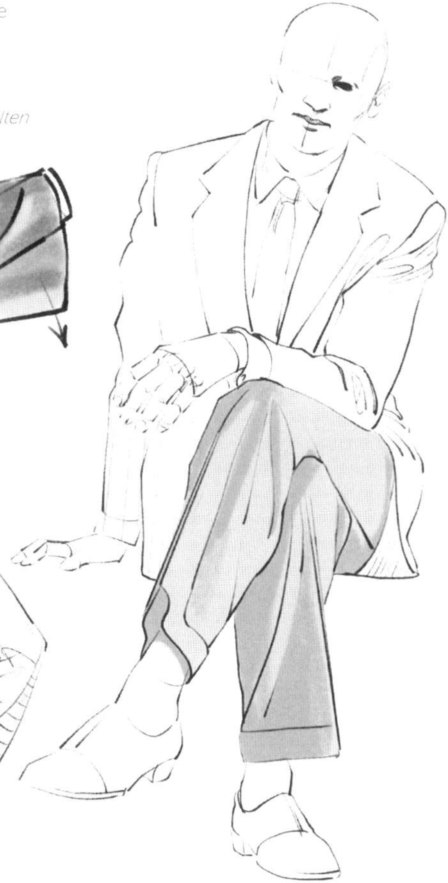

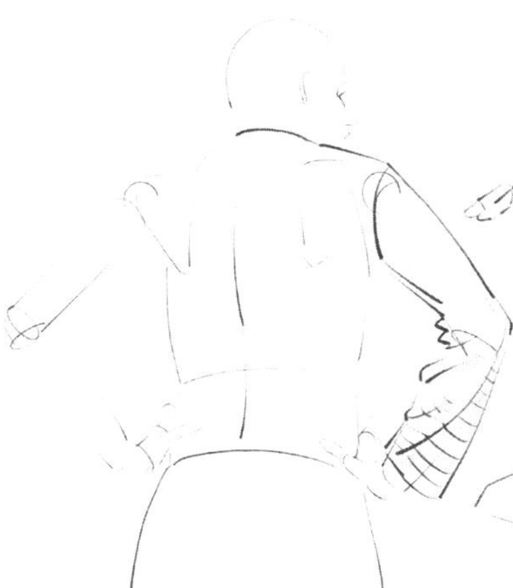

Ein elastischer Stoffschlauch kann viel Volumen aufnehmen. Er spannt sich eng um die Form und bildet dabei eine Reihe von Querfalten. Ähnlich führen zwei Zylinder, die einen Stoffschlauch auseinanderziehen, zu Querfalten, die von einem zum anderen verlaufen (Abb. 4).

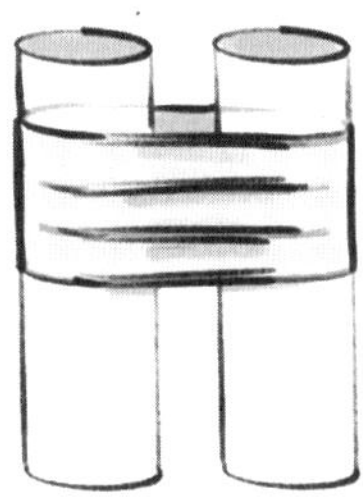

Abb. 4: Querfalten

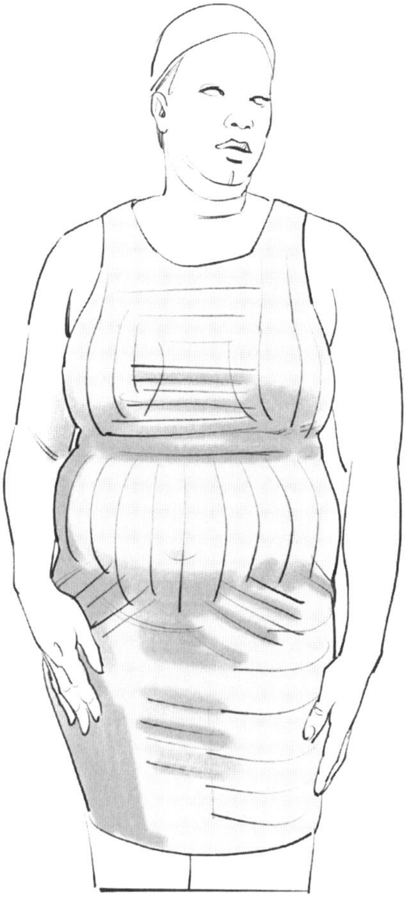

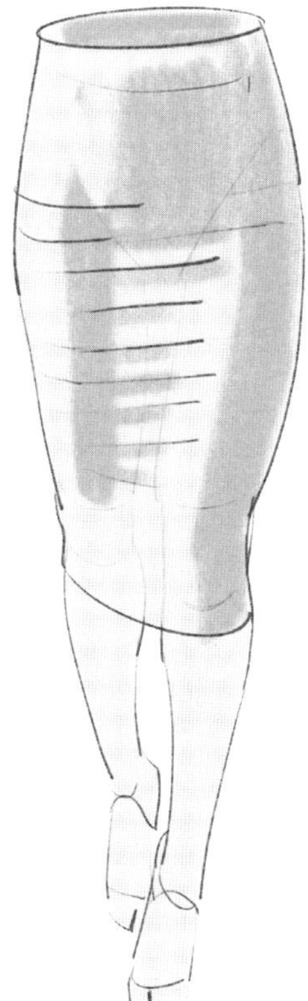

Ein Stoffzylinder um eine schmalere Form dagegen hängt locker nach unten. Er fällt in sich zusammen und bildet dabei ziehharmonikaartige gestaute Falten (Abb. 5). Diese Falten sind zufällig angeordnet und wirken unterschiedlich, je nachdem, wie weich der Stoff ist: fließend bei Seide oder Nylon, gebrochen bei dicken Jeans usw. Eines scheint jedoch meistens zu gelten: Die Falten bilden versetzte »Waben« (siehe auch Abb. 5 auf Seite 59).

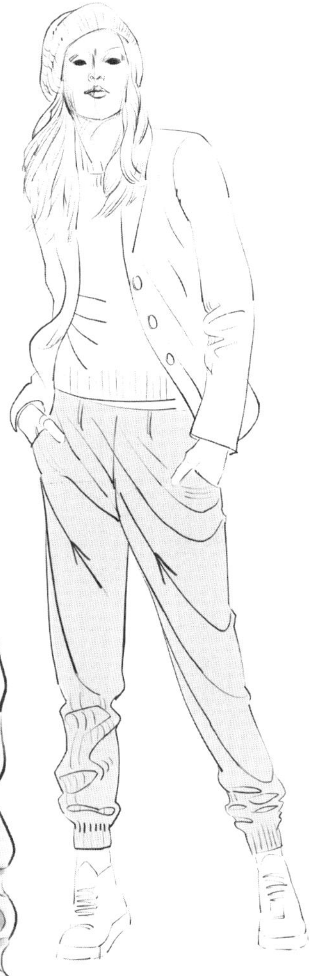

Abb. 5: Staufalten

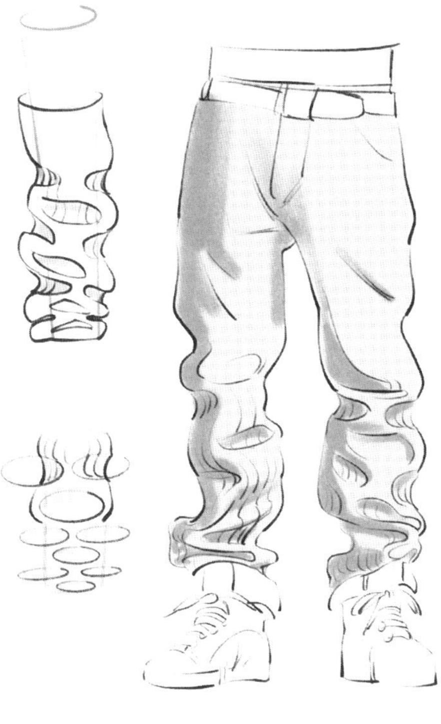

Nähte schränken den Fall von Stoff ein. Sie können den Zugpunkt bilden oder auch einen ganzen Bereich des Kleidungsstücks versteifen (Innenbeinnaht Abb. 6), was es für das Zeichnen nicht einfach macht.

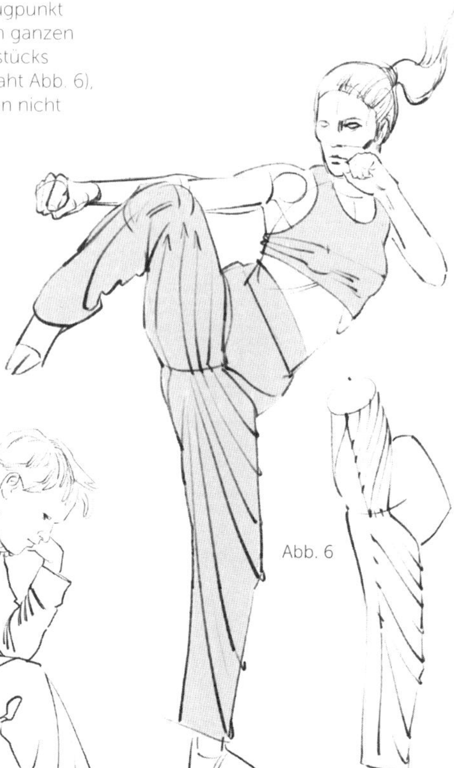

Abb. 6

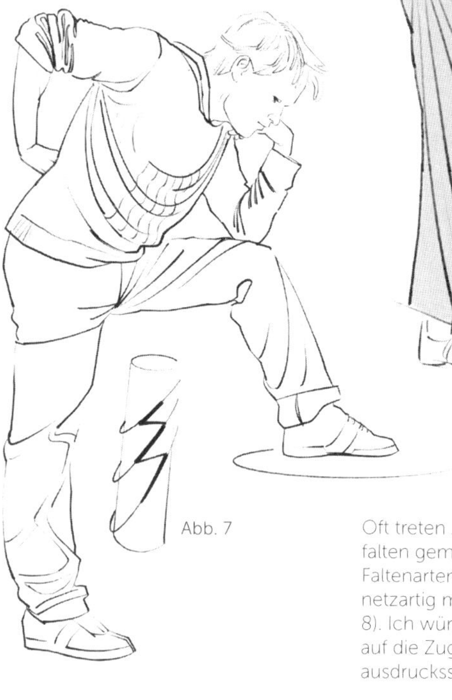

Abb. 7

Oft treten Zugfalten und Staufalten gemeinsam auf. Die beiden Faltenarten verbinden sich dann netzartig miteinander (Abb. 7 und 8). Ich würde immer die Betonung auf die Zugfalten legen, da sie ausdrucksstärker sind.

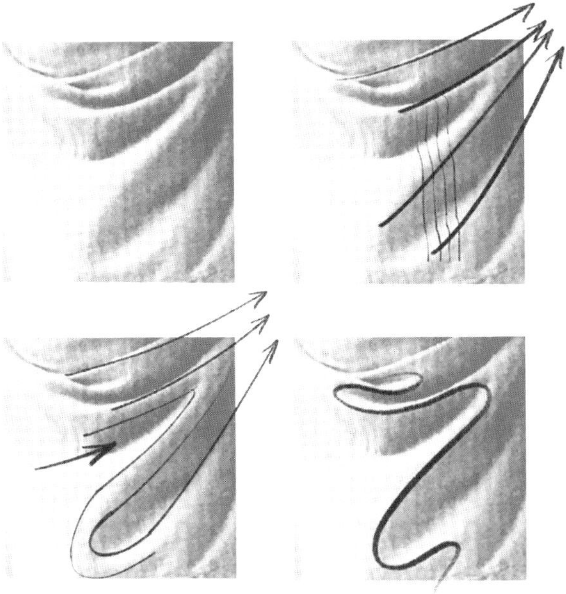

Abb. 8

Auf den folgenden Seiten findest du zu den Beispielzeichnungen auch schematische Darstellungen. Darin wirst du oft eine der fünf beschriebenen Faltenarten wiedererkennen. Hast du diese erst einmal verinnerlicht, geht dir das Faltenzeichnen viel leichter von der Hand.

Wie auch die anderen Bücher der Reihe ist dieses Buch von oben nach unten aufgebaut: Im Kapitel »Kopf und Hals« findest du zuerst Kopfbedeckungen und Schals. Das Wichtigste ist hier, dass du dir der Rundung des Kopfes bewusst bist und weißt, wie sich um den Hals gelegter Stoff verhält.

Im Kapitel »Oberkörper« geht es um einfache Oberteile wie T-Shirts, aber auch um Kleidungsstücke mit Knöpfen, die je nach Körperhaltung oder Körperbau Zugpunkte bilden können, durch die Falten entstehen – beispielsweise bei Menschen mit kräftigen Muskeln, einem ausgeprägten Bauch oder Übergewicht.

Das Kapitel »Arme« beleuchtet die Veränderungen, die durch verschiedene Armpositionen hervorgerufen werden, insbesondere beim Anheben. Dabei ist immer auch davon auszugehen, dass sich diese Zugfalten im Oberkörper fortsetzen.

Im Kapitel »Beine« geht es um Hosen, Shorts und Röcke in gängigen Streck- und Beugehaltungen mit unterschiedlichem Bewegungsumfang (vor allem im Sitzen).

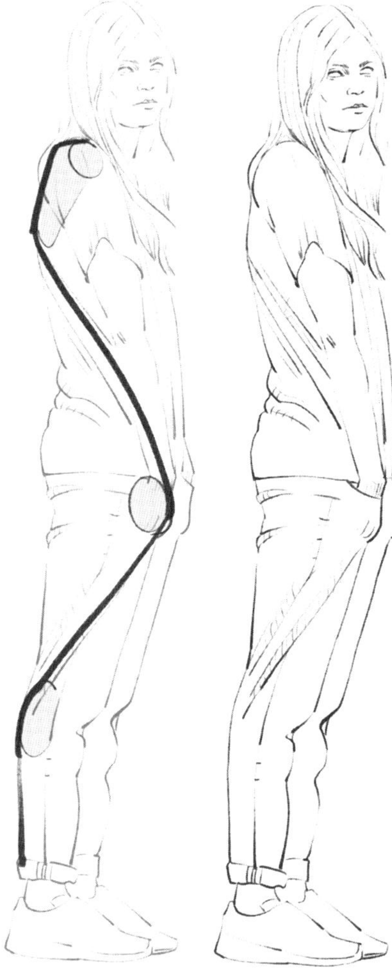

Ich hoffe, dass dir dieses Buch hilft, Falten realistisch zu zeichnen – denn es lohnt sich! Der Faltenwurf hat ein enormes Ausdruckspotenzial: Er macht Kraftlinien sichtbar, die die Körperhaltung unterstreichen und so deine Aussage verstärken. Denn eine bloße Handbewegung kann sich bis zum Rücken oder sogar bis zum Boden auswirken.

BEISPIELZEICHNUNGEN

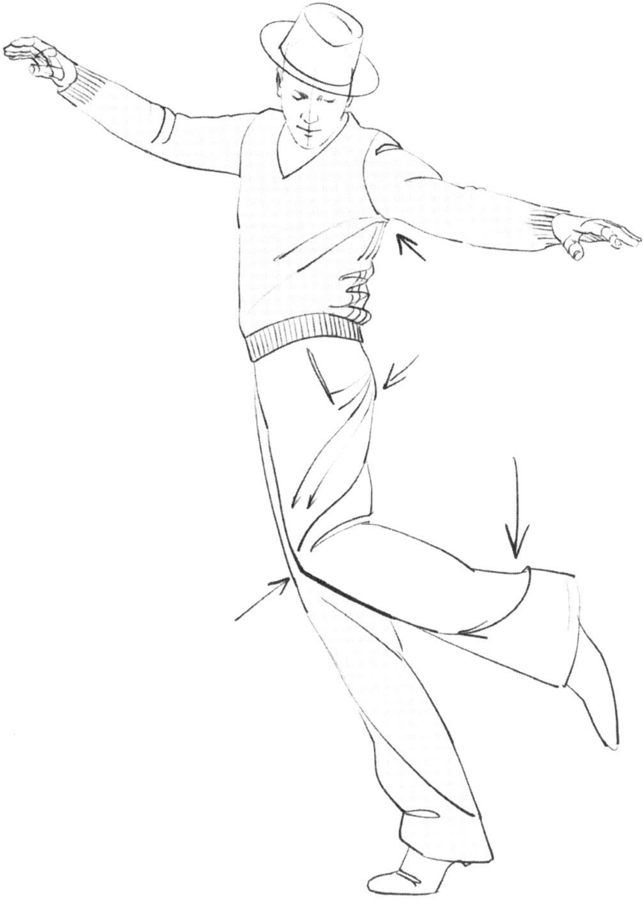

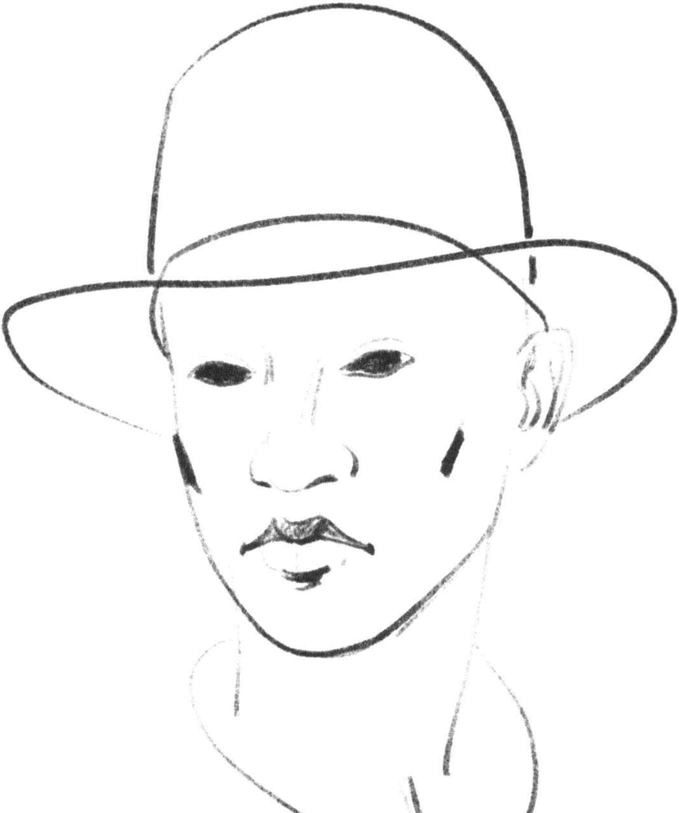

KOPF UND HALS

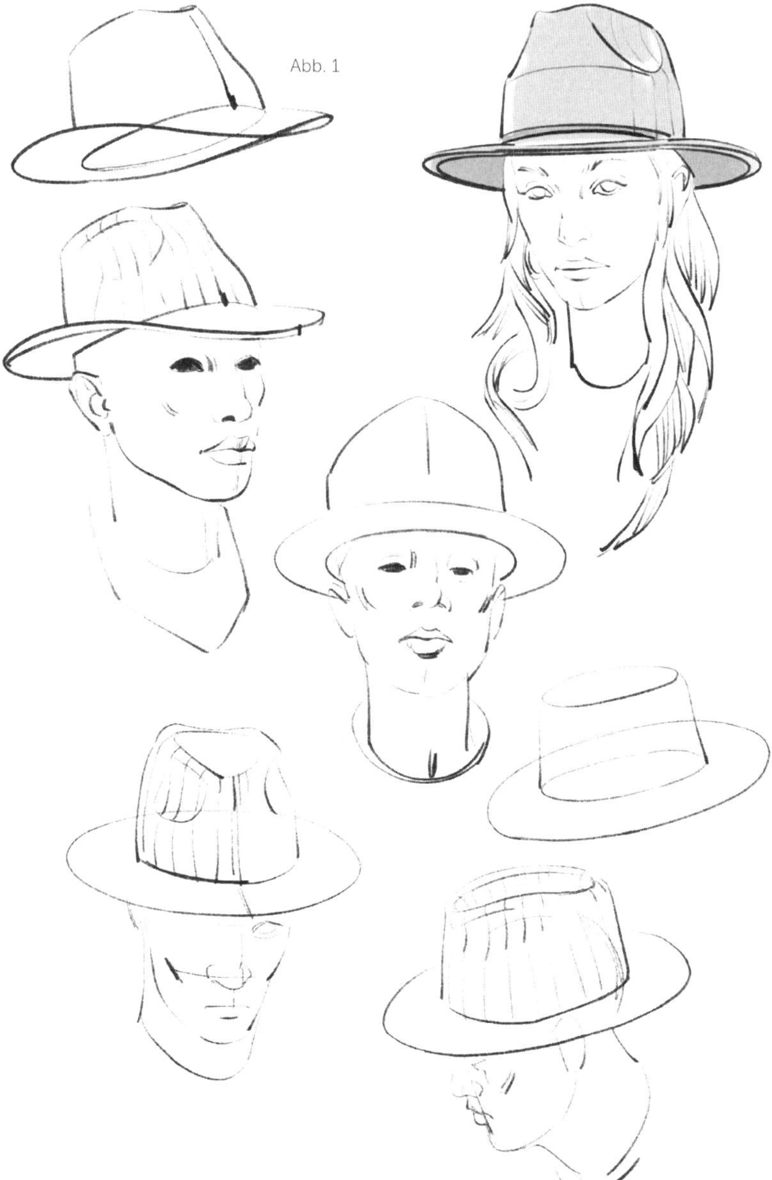

Abb. 1

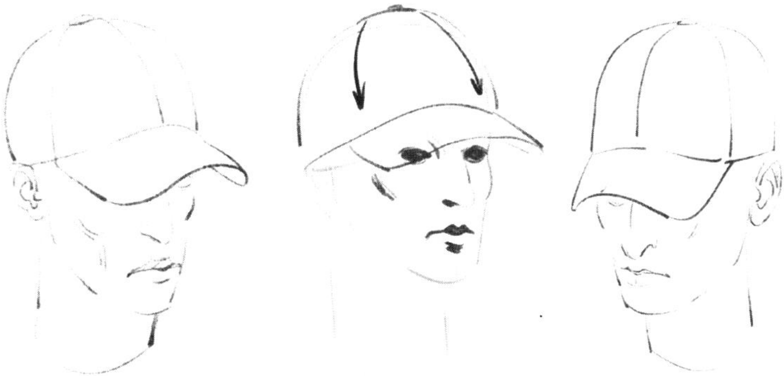

Abb. 2

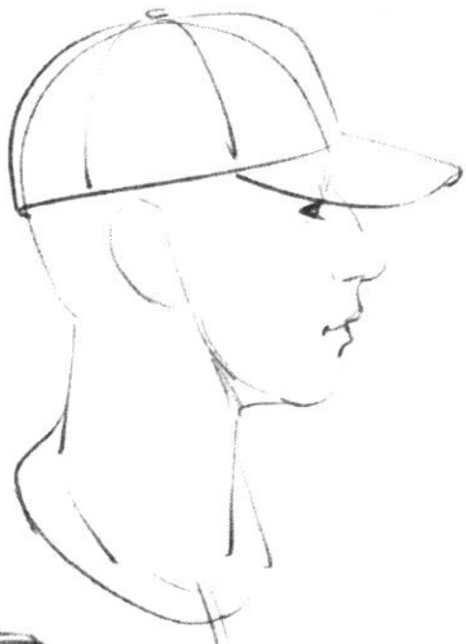

Nach dem Morpho-Prinzip behalten wir die räumliche Form des Kopfes immer im Blick. Beachte die Symmetrieachse (Abb. 1) oder die strahlenförmig angeordneten Nähte (Abb. 2).

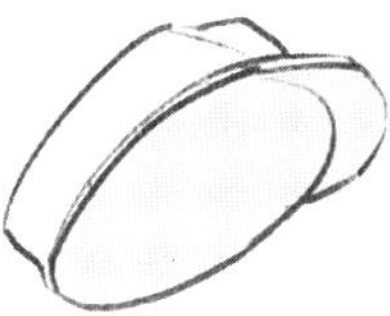

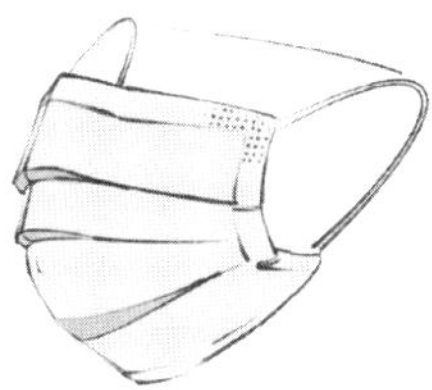

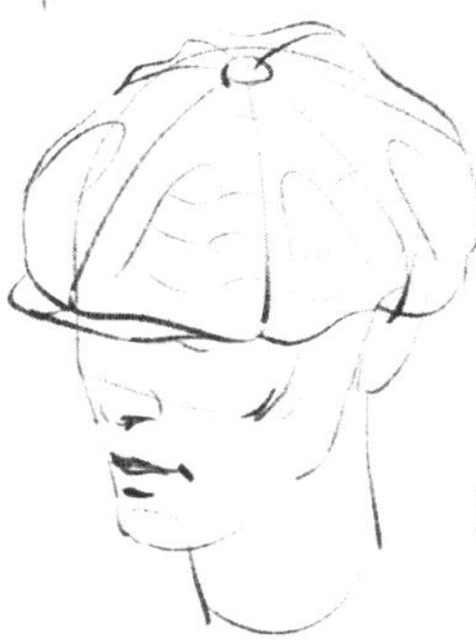

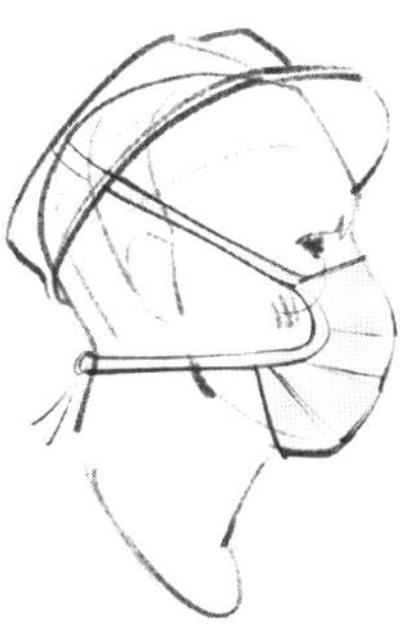

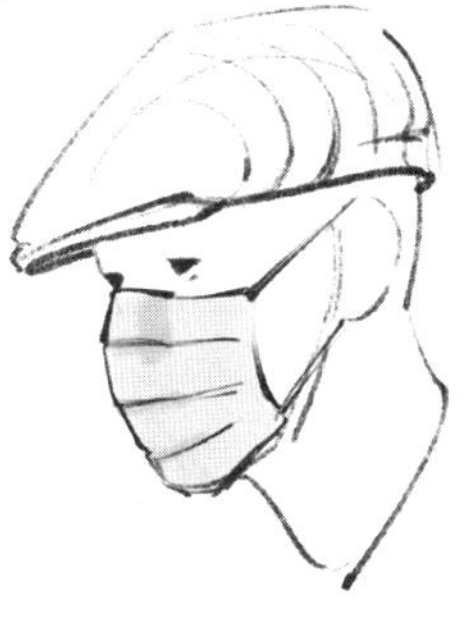

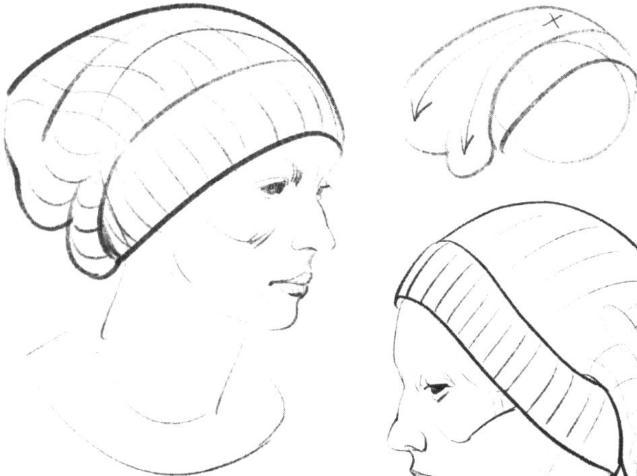

Abb. 1

Abb. 1 und 2: Der überschüssige Stoff am Hinterkopf wird von der Schwerkraft nach unten gezogen.

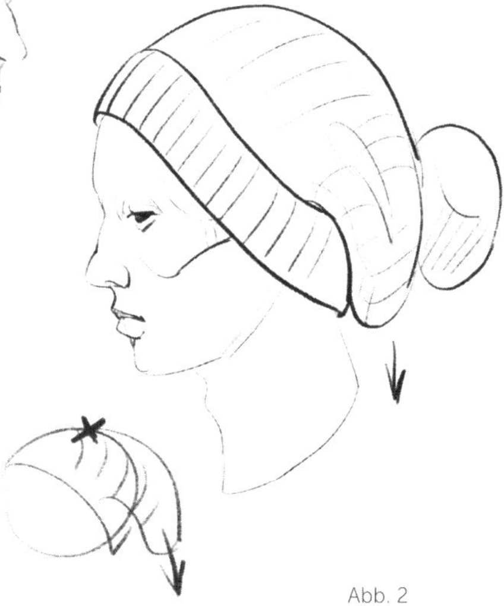

Abb. 2

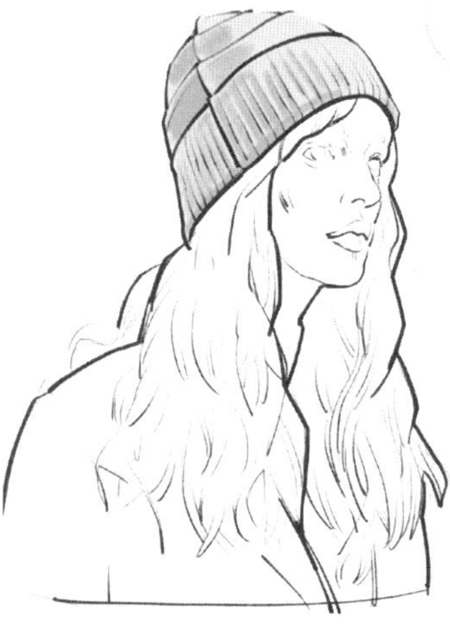

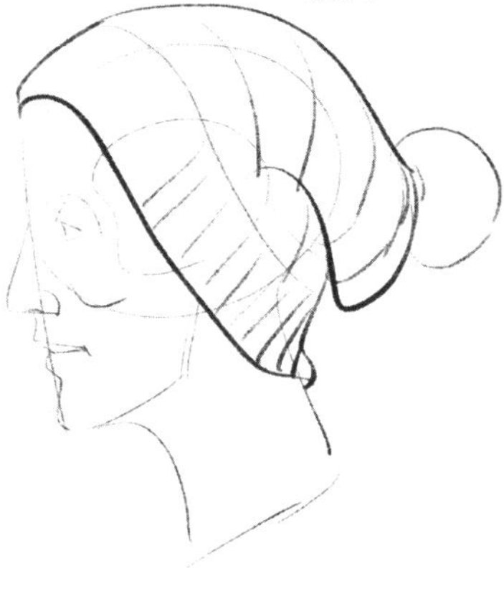

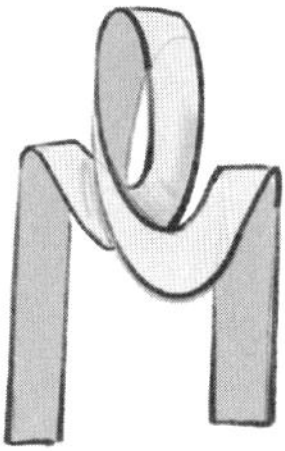

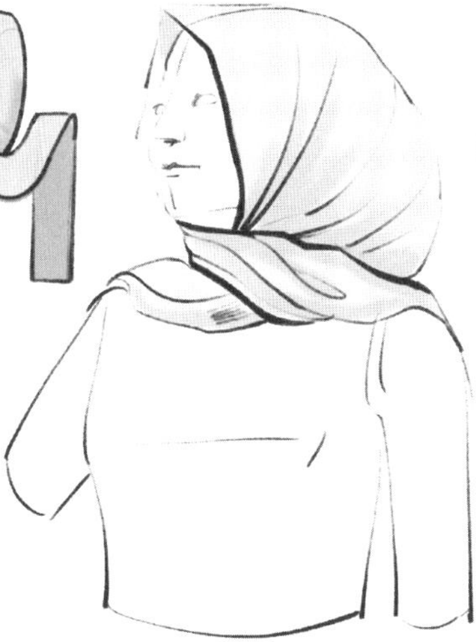

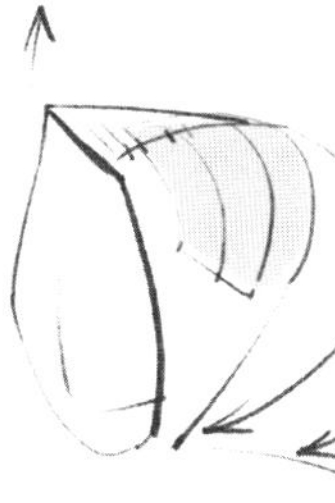

Abb. 3

Abb. 3: Die Stoffbahn liegt auf dem Scheitelpunkt des Kopfes auf und umhüllt das Haar.

Um zu verstehen, wie das Tuch liegt, kannst du es dir als einfaches Band vorstellen.

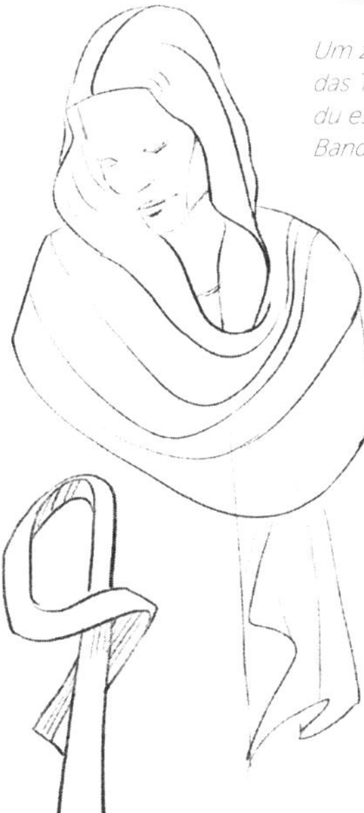

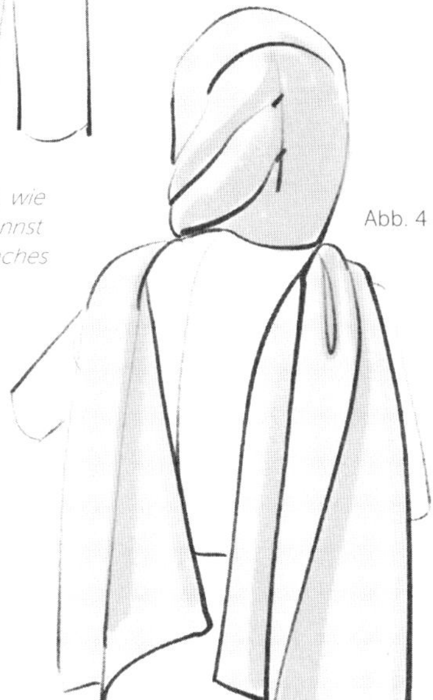

Abb. 4

Abb. 4: In dieser Rückansicht erzeugt der gedrehte Kopf gewindeartig verdrehte Falten.

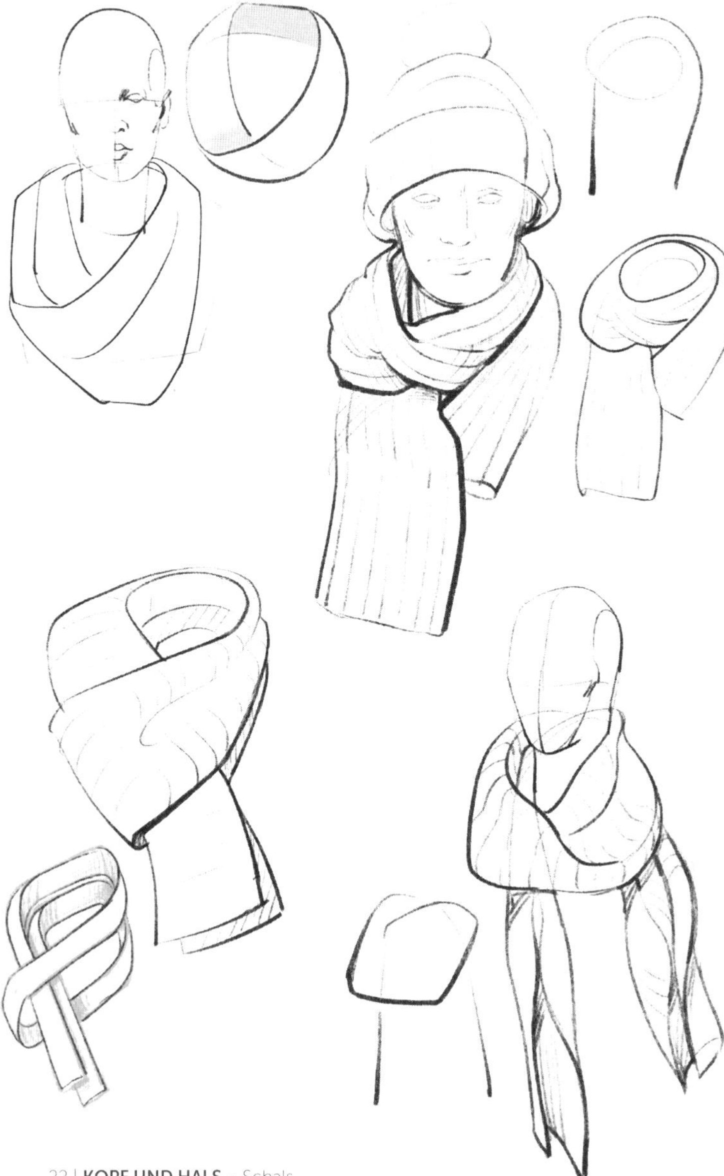

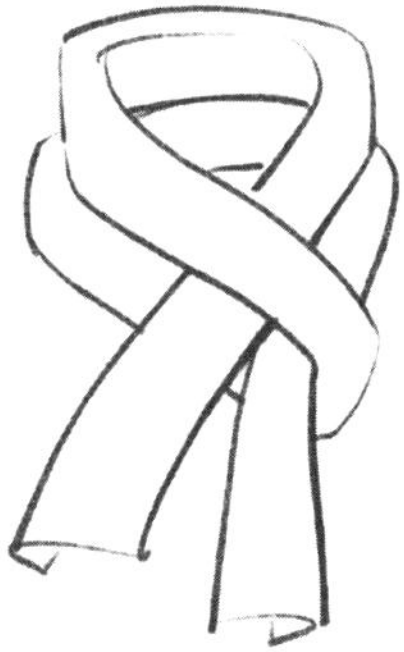

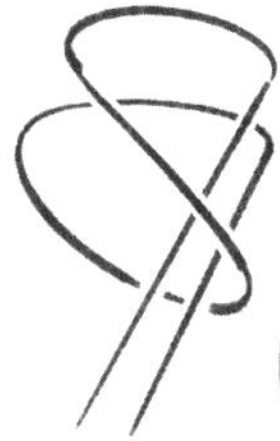

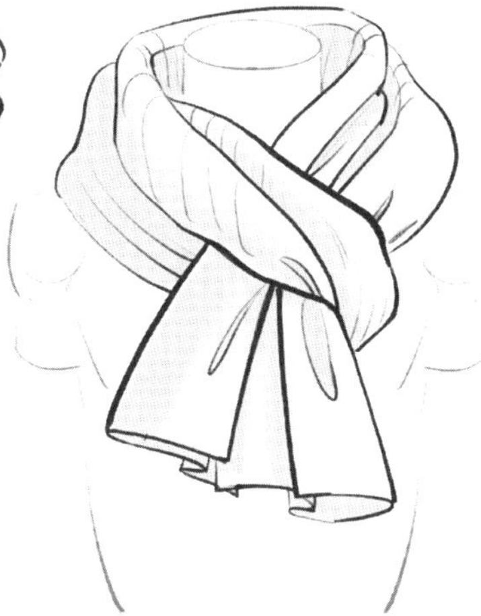

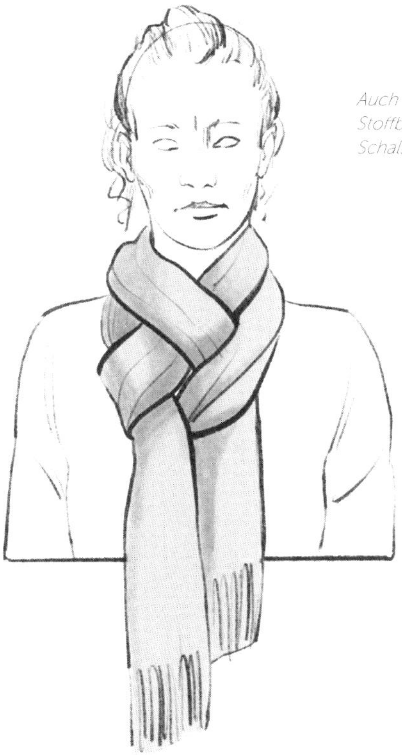

Auch hier hilft es, dir den Verlauf der Stoffbänder (nichts anderes sind Schals) dreidimensional vorzustellen.

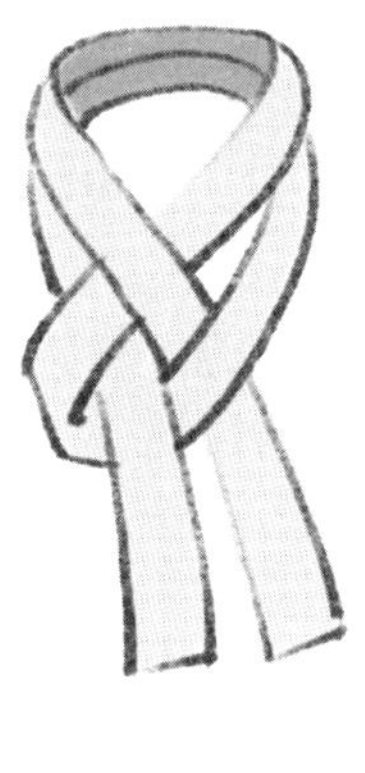

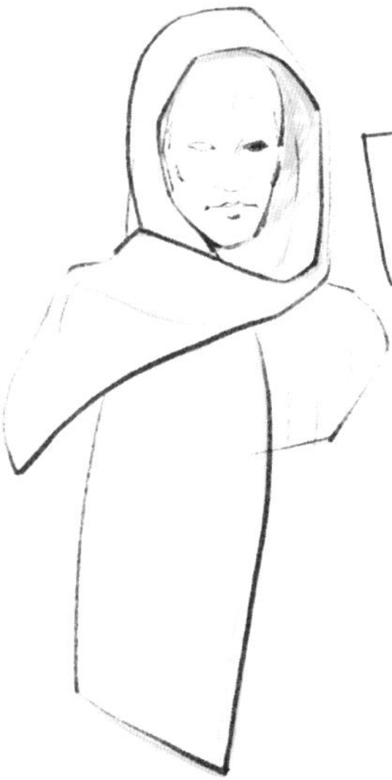

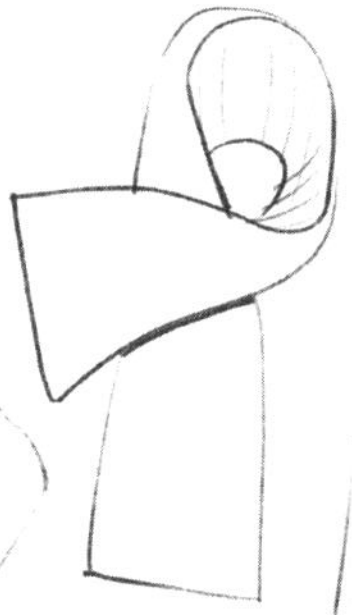

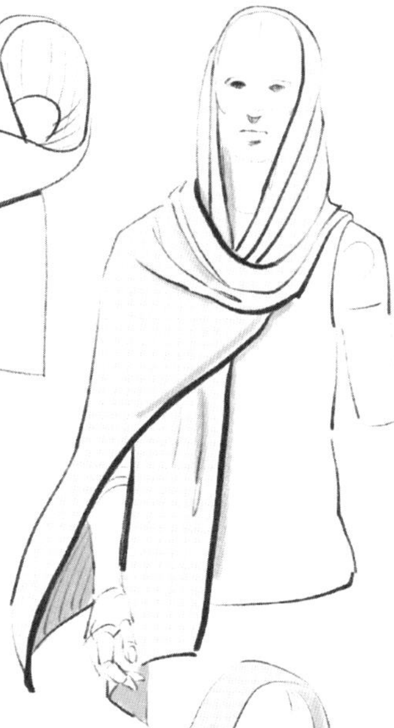

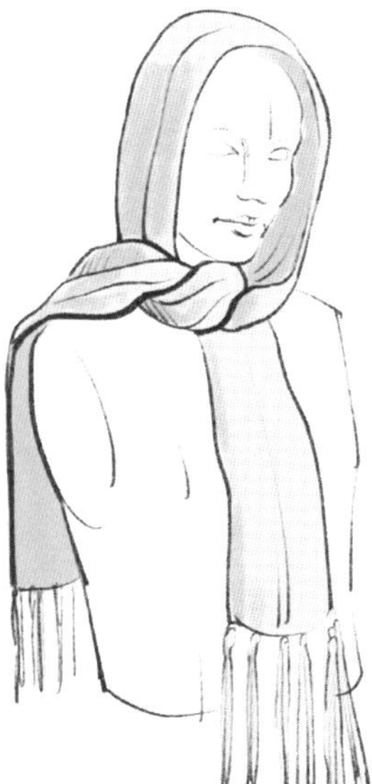

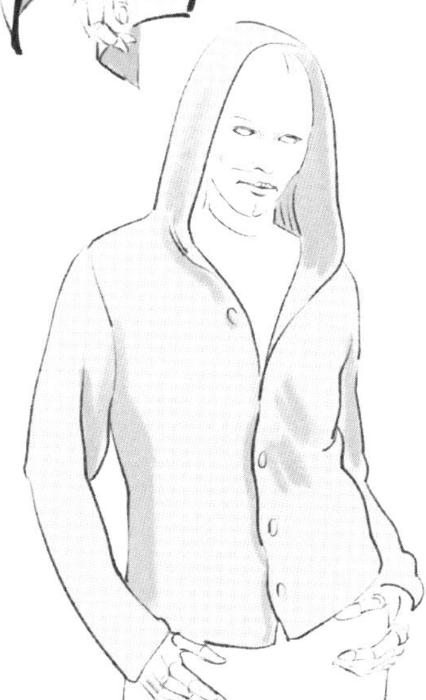

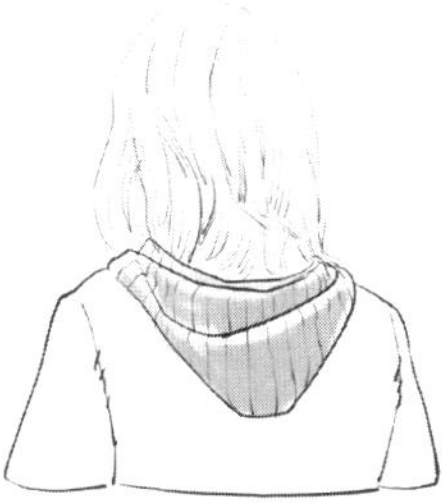
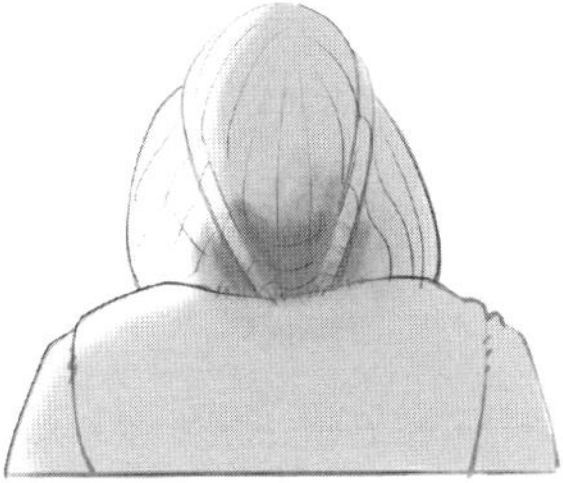
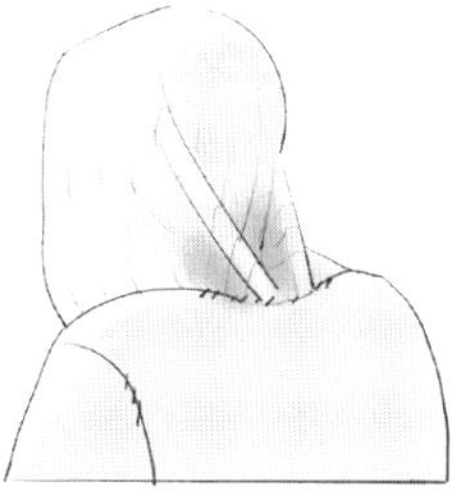

Die Kapuze kannst du dir als einfache Tasche denken.

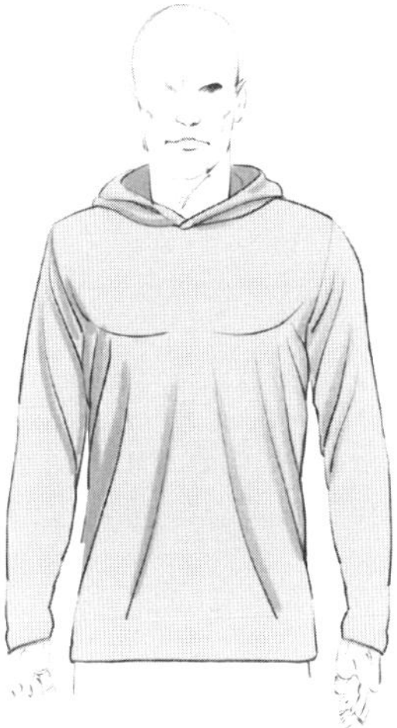
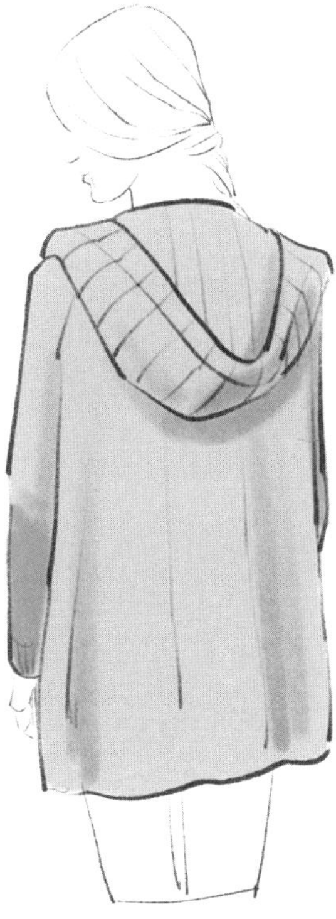
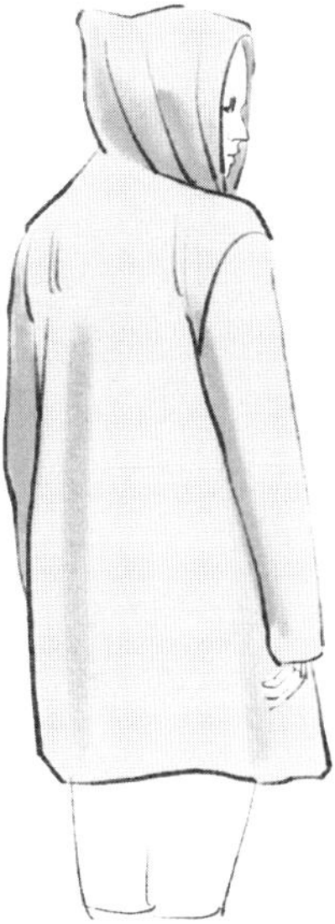
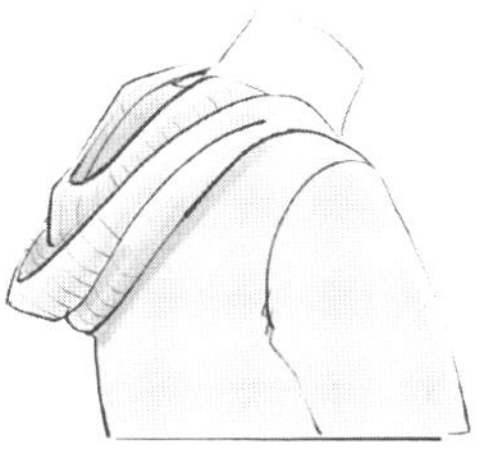

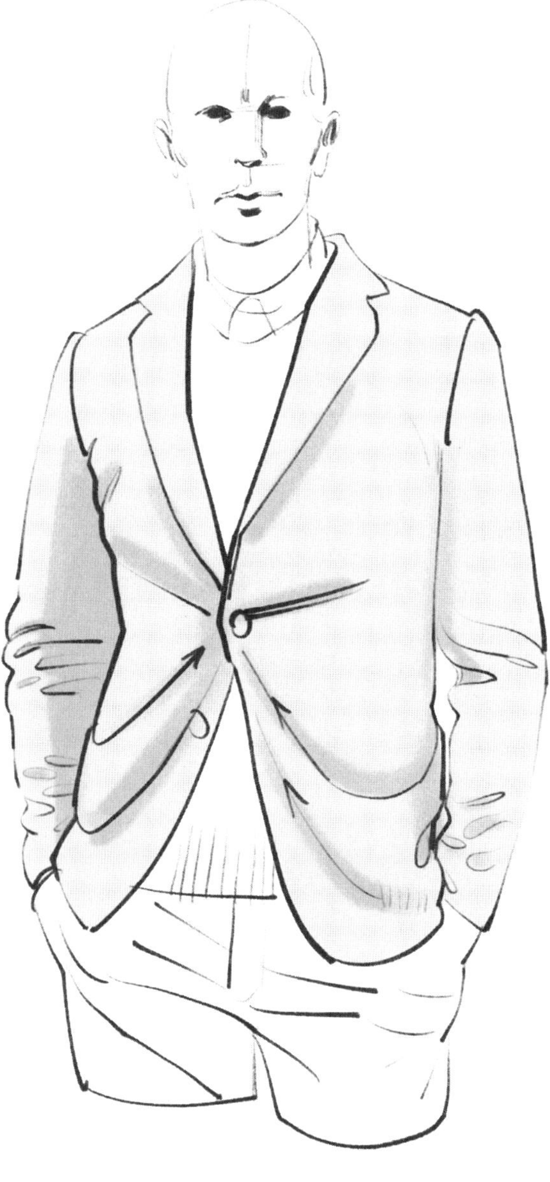

OBERKÖRPER

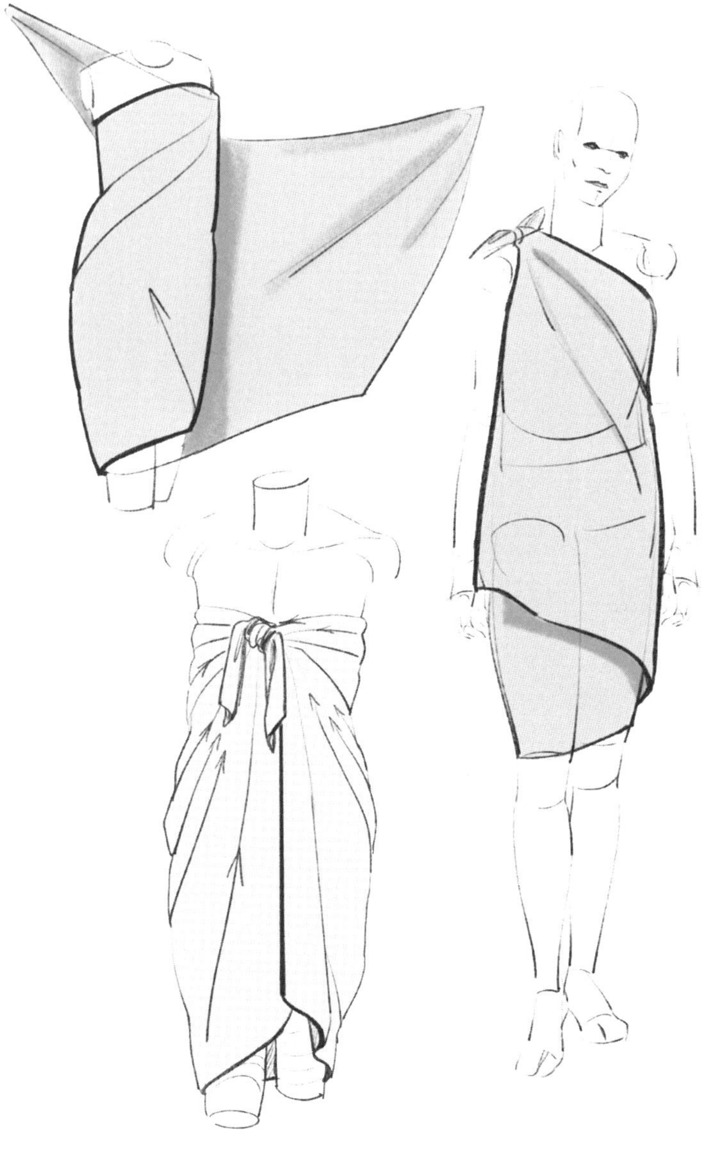

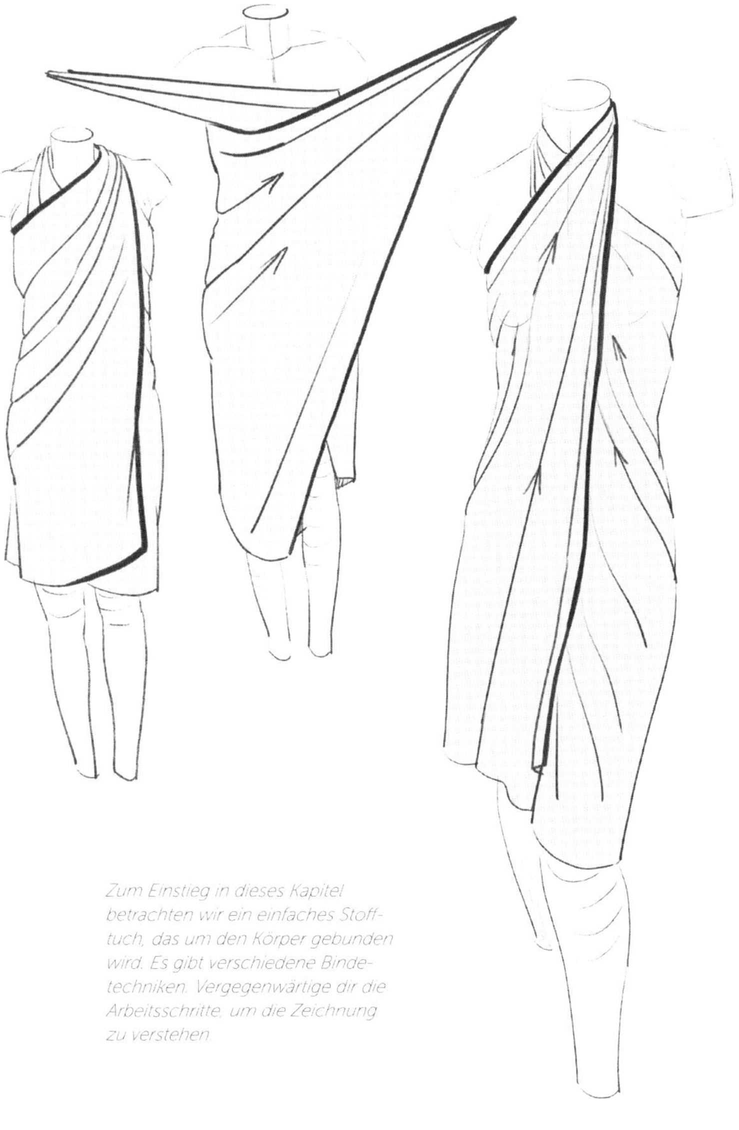

Zum Einstieg in dieses Kapitel betrachten wir ein einfaches Stofftuch, das um den Körper gebunden wird. Es gibt verschiedene Bindetechniken. Vergegenwärtige dir die Arbeitsschritte, um die Zeichnung zu verstehen.

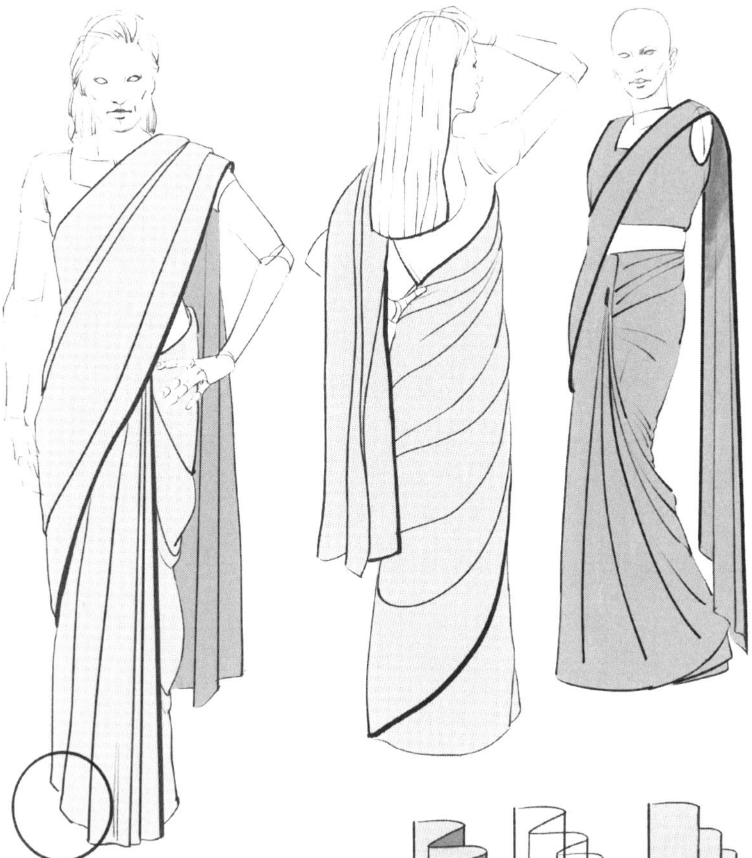

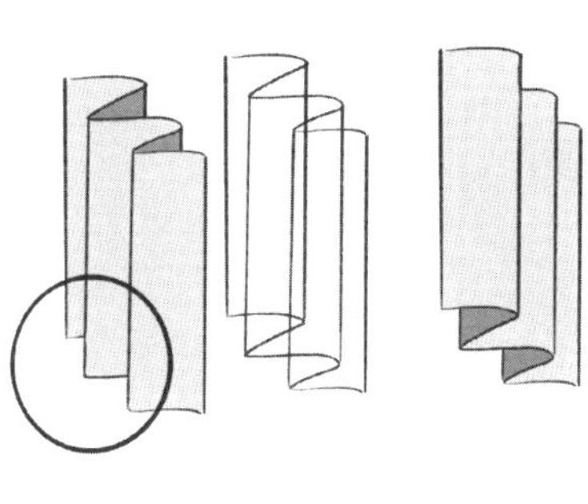

Der untere Teil mancher weiter, fließender Kleidungsstücke – Röcke, Kleider, Saris usw. – verhält sich wie ein Vorhang. Es kann helfen, zunächst die gewundene Unterkante zu zeichnen, die die sichtbaren und verborgenen Teile miteinander verbindet.

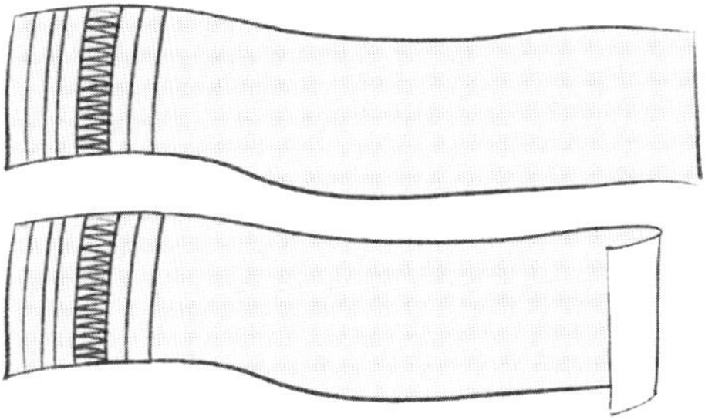

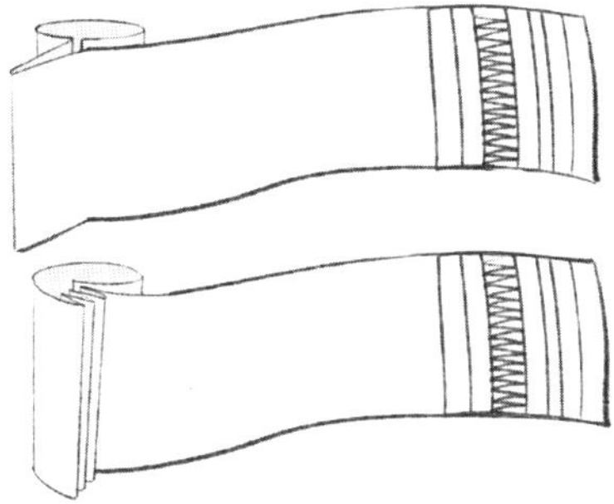

Es gibt verschiedene Arten, einen Sari zu tragen. Ich habe als Beispiel eine ganz einfache gewählt, da es hier nur darum geht, das Prinzip zu erkennen.

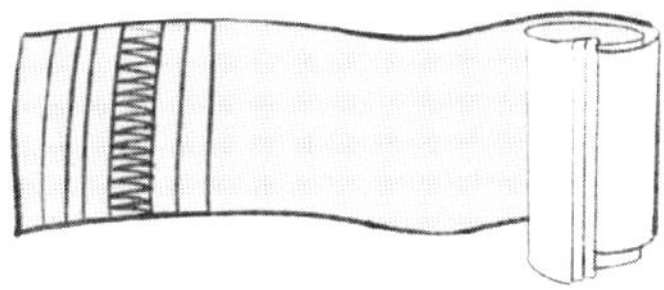

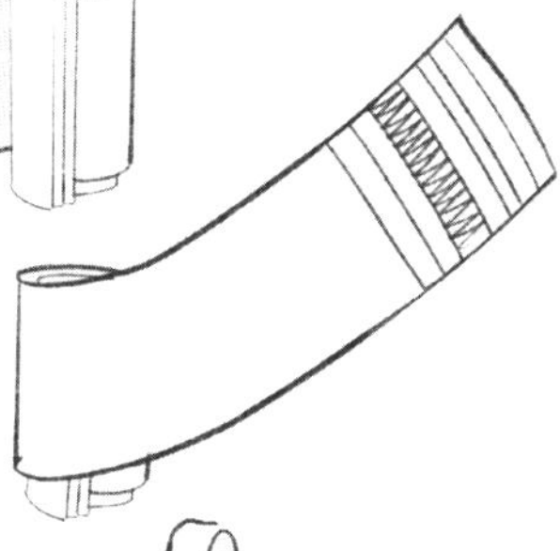

Nachdem die Stoffbahn unter dem Bauchnabel um den Körper gewickelt wurde, wird sie ein paar Mal nach vorne gefaltet, und die Falten werden zusammen im Bund festgesteckt. Das lange Ende wird ein letztes Mal um den Körper gelegt und dann von vorn nach hinten über die Schulter gelegt.

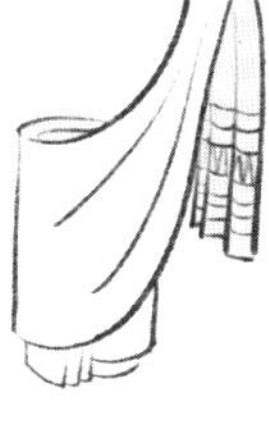

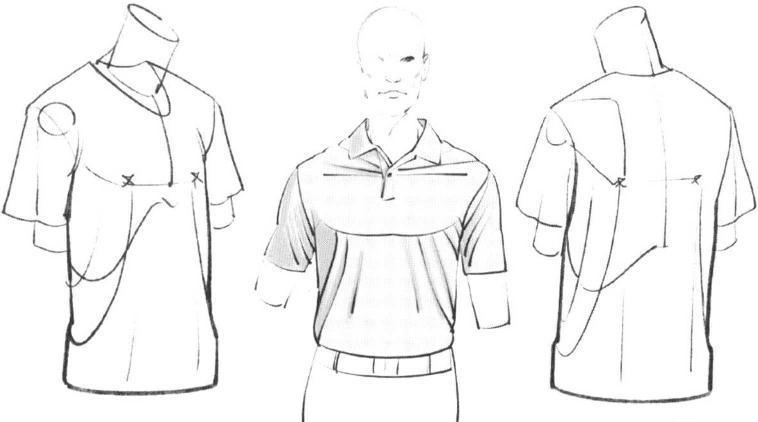

Abb. 1

Abb. 2

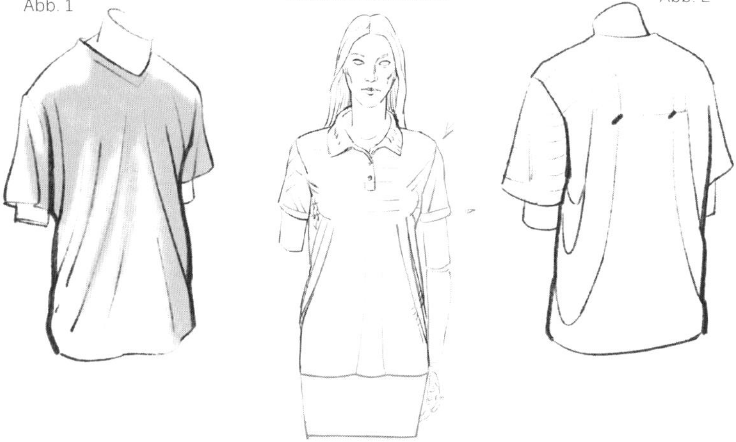

Herabhängende Arme haben keinen Einfluss auf die Rumpfzeichnung. An den voluminösesten Stellen liegt die Kleidung eng am Körper an. Von vorne (Abb. 1) bestimmt die Brust die Form, sowohl beim Mann als auch bei der Frau (siehe auch Seite 82).

Bei Übergewicht ist oft der Bauch ein dritter Zugpunkt (siehe Seiten 54 und 55).

Der Stoff fällt wie aufgehängt von diesen hervorstehenden Formen nach unten. Bei weiten Kleidungsstücken treffen die Falten im Rücken auf die Schulterblätter (Abb. 2).

Bei weiten und etwas schwereren Kleidungsstücken ist noch deutlicher zu erkennen, wie der Stoff hängt. In der Frontalansicht (Abb. 3) beginnen die Falten an den Brustspitzen, während sich in der Rückansicht des Regenmantels (Abb. 4) von den Schulterblättern ausgehend zwei lange vertikale Falten bilden.

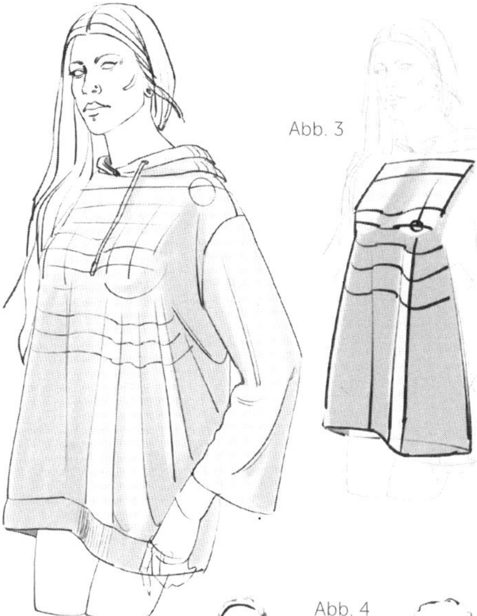

Abb. 3

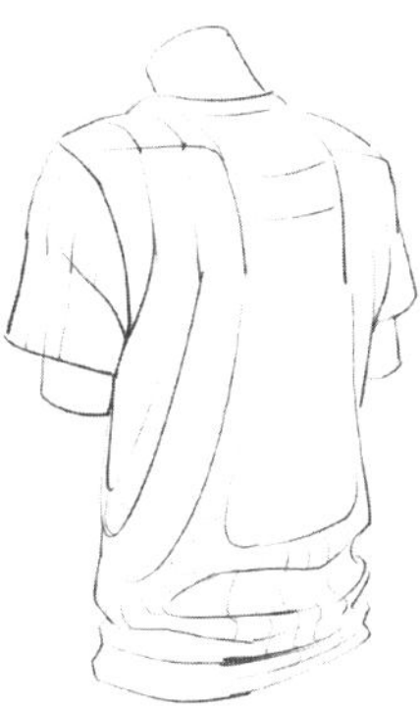

Abb. 5

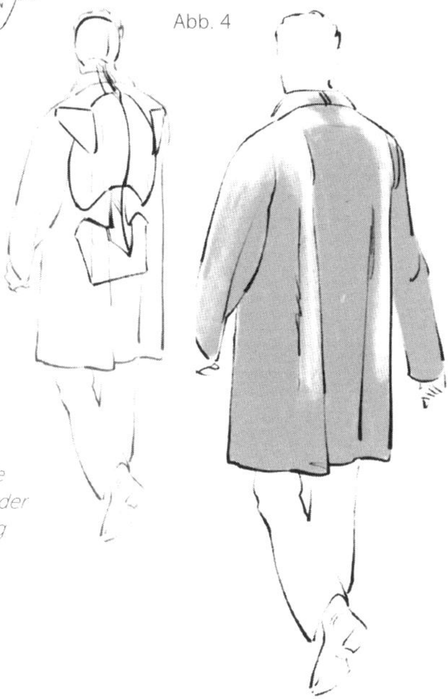

Abb. 4

Vergleiche die Abbildungen 2 und 5. Bei letzterer ist das Shirt um die Taille herum enger geschnitten, wodurch der Stoff Staufalten wirft (siehe Einleitung auf Seite 11).

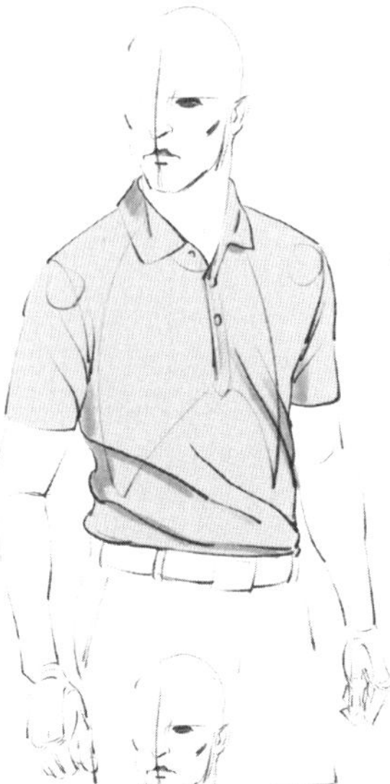

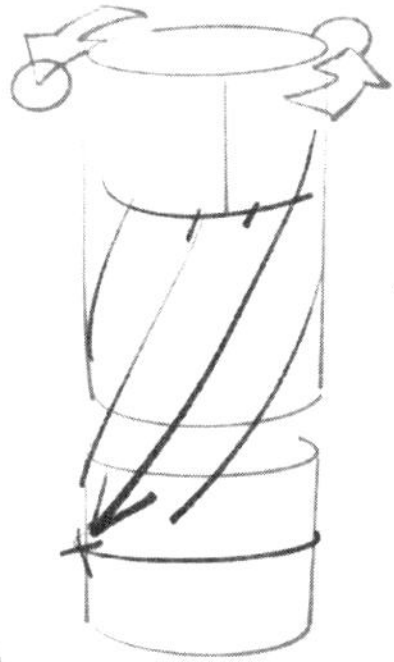

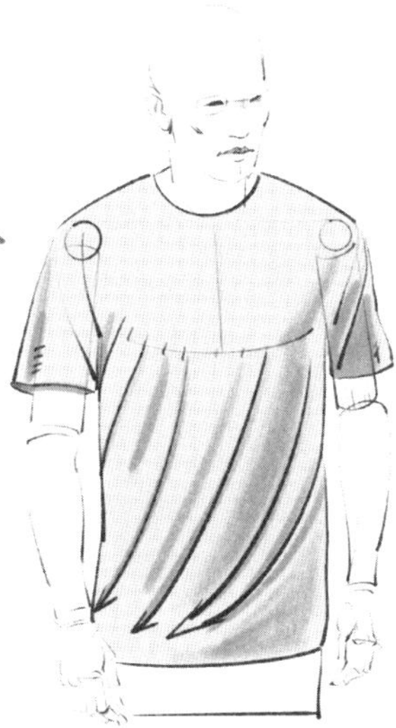

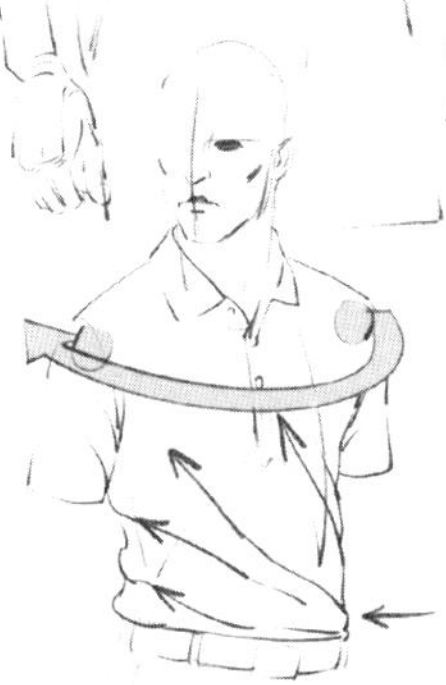

Die gedrehten Schultern ziehen die Kleidung mit sich, wodurch seitlich gewindeartige Falten in Bewegungsrichtung entstehen (siehe auch Seite 89).

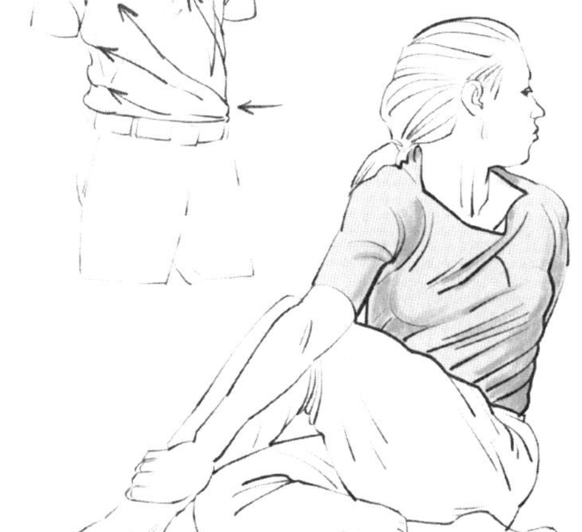

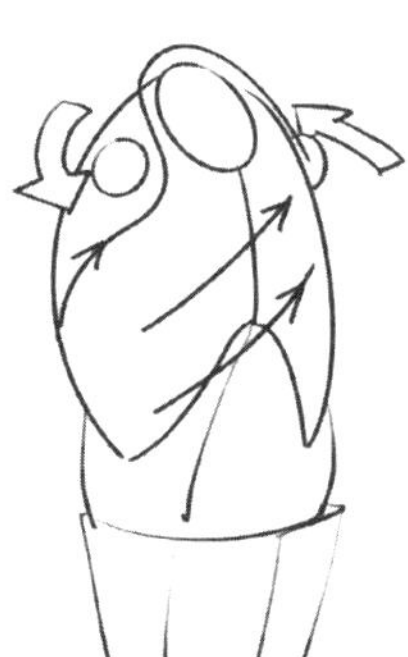

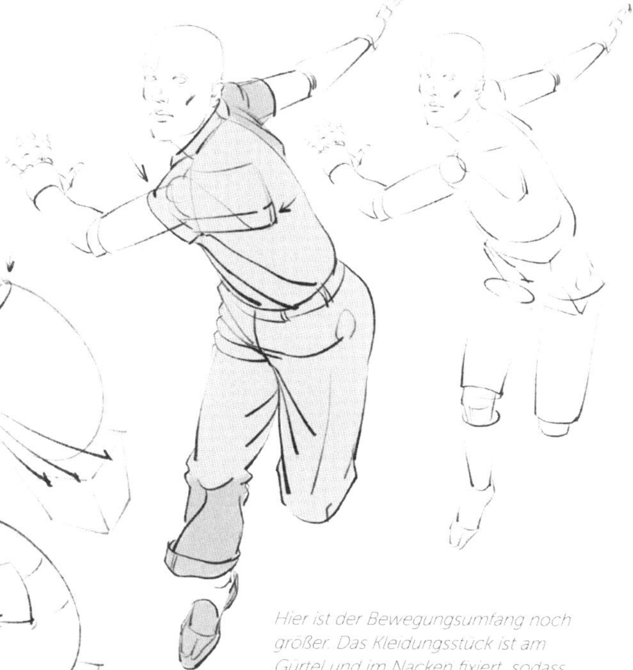

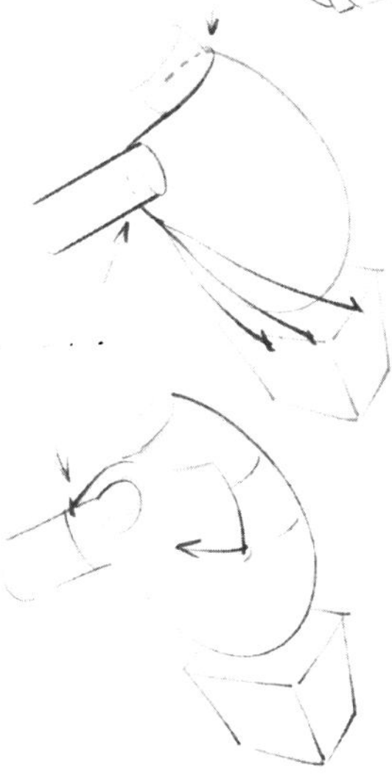

Hier ist der Bewegungsumfang noch größer. Das Kleidungsstück ist am Gürtel und im Nacken fixiert, sodass die Falten vor der Schulter verlaufen.

Durch das Abstützen und das Verdrehen des Oberkörpers wird das Kleidungsstück mitgezogen.

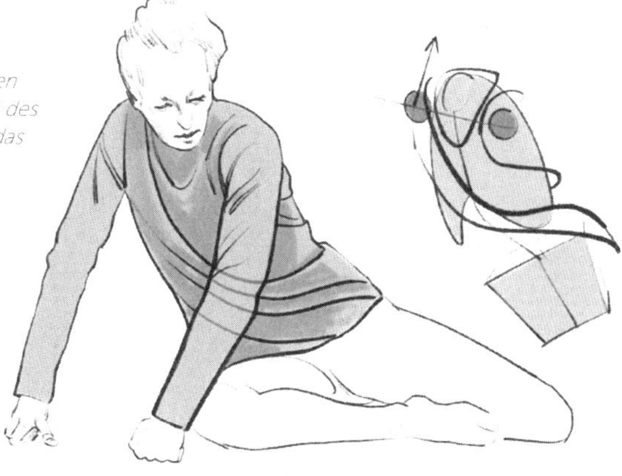

Abb. 1

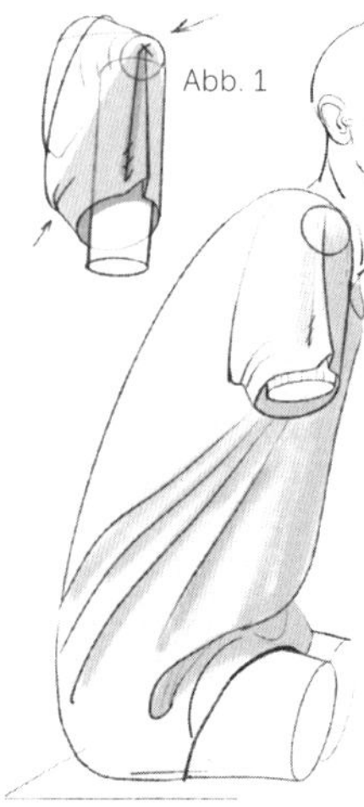

Abb. 2

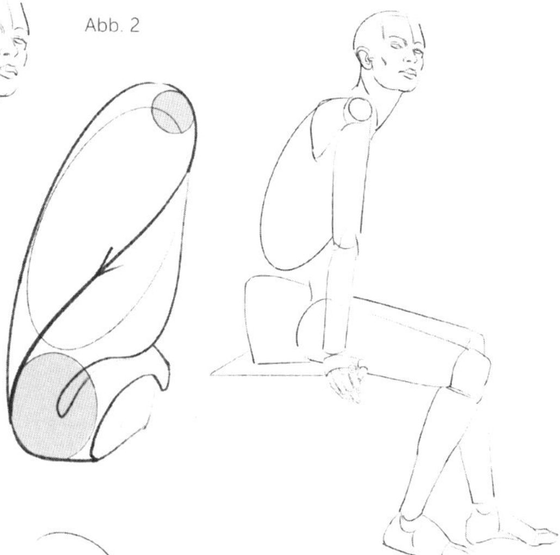

Abb. 3

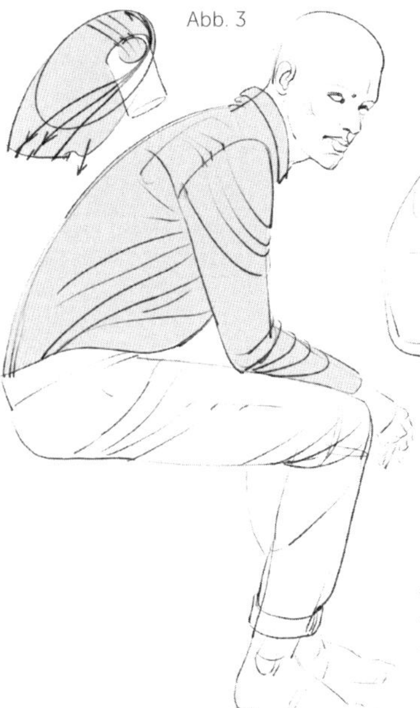

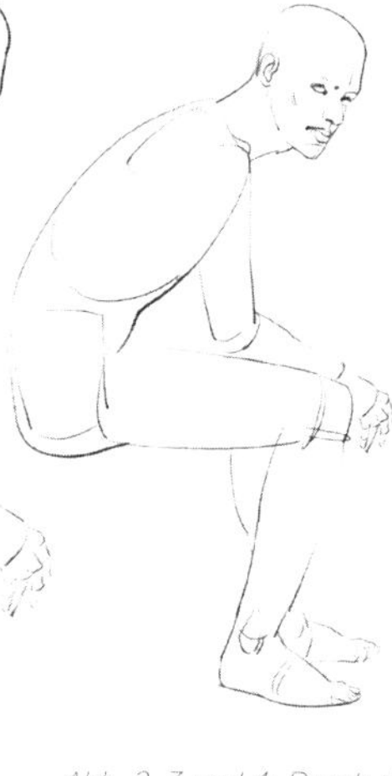

Abb. 1: Beugefalte am Ärmel (siehe Seite 59).

Abb. 2, 3 und 4: Durch die nach vorn hängenden Schultern spannt sich die Kleidung über den runden Rücken.

Abb. 4

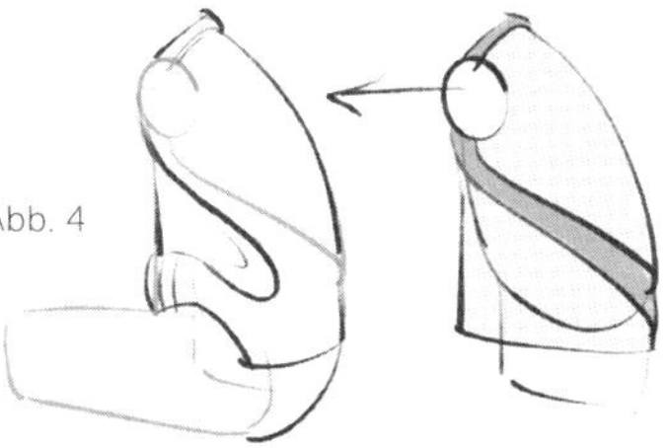

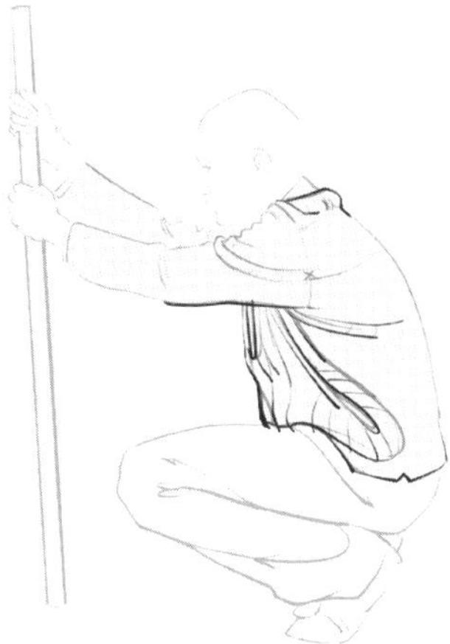

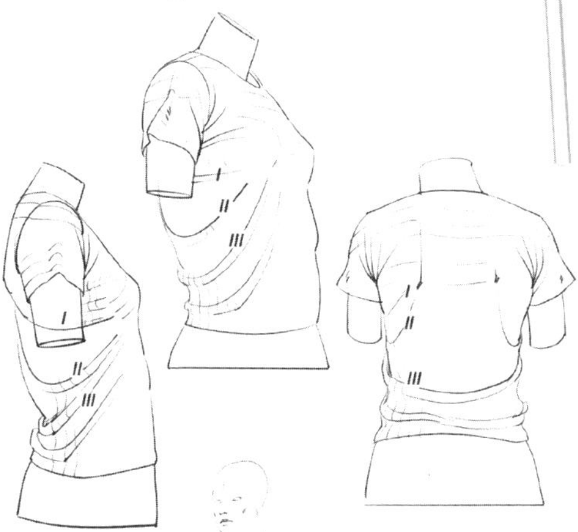

Abb. 5

Abb. 6

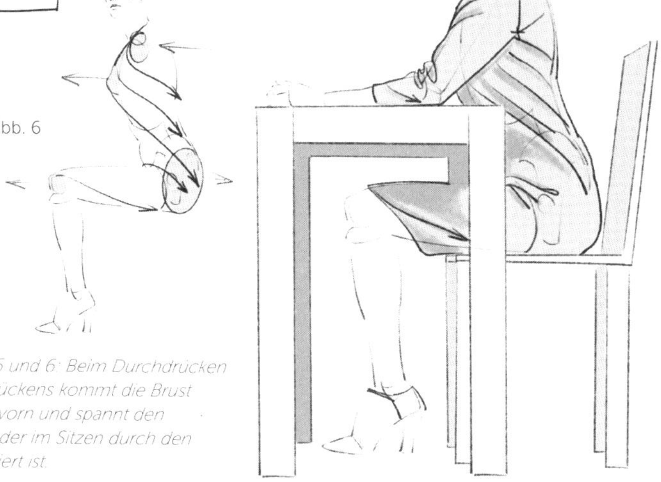

Abb. 5 und 6: Beim Durchdrücken des Rückens kommt die Brust nach vorn und spannt den Stoff, der im Sitzen durch den Po fixiert ist.

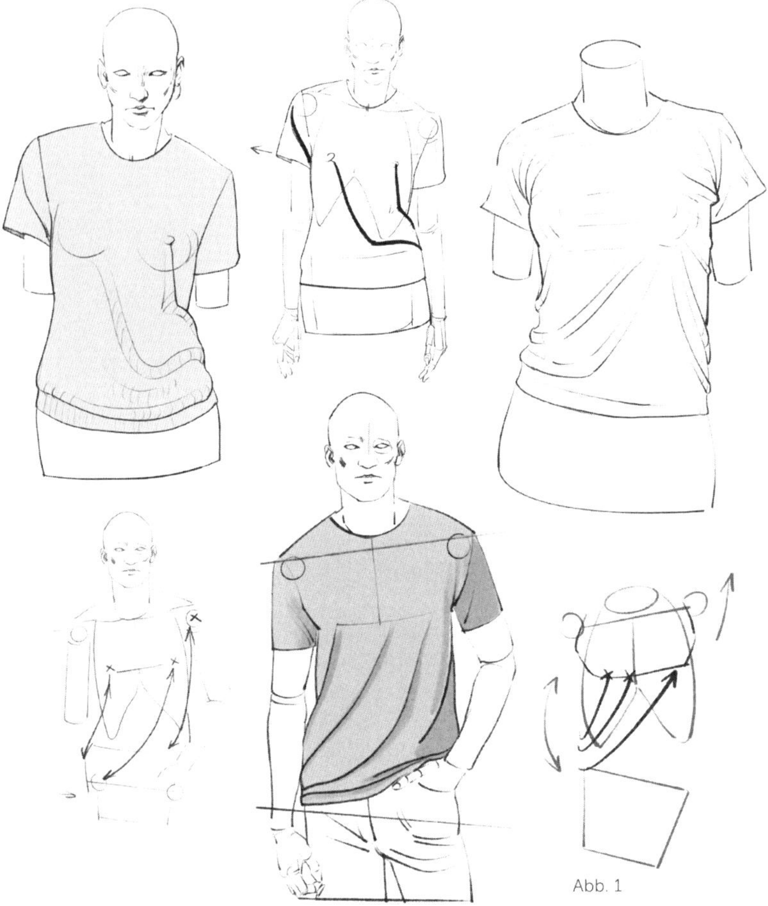

Abb. 1

Abb. 1: Die eingeknickte Hüfte bricht die Symmetrie auf: Auf der einen Seite liegt das Kleidungsstück auf der Taille auf, auf der anderen wird es zur höheren Schulter gezogen.

In der Rückansicht findet sich das gleiche Prinzip gespiegelt wieder. Hier gibt die Kante des Schulterblatts (Abb. 2) die Richtung vor.

Beachte in der Rückansicht, wie von allen hervorstehenden Körperteilen (Schulterblatt, Po, Knie) Falten ausgehen.

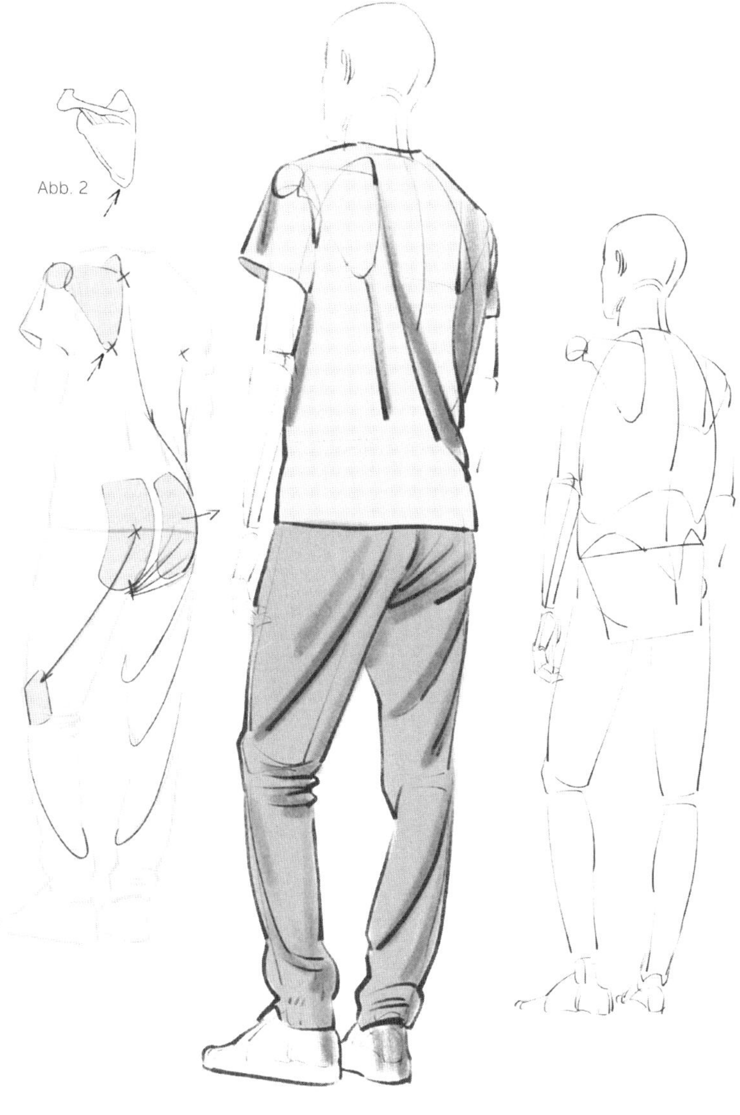
Abb. 2

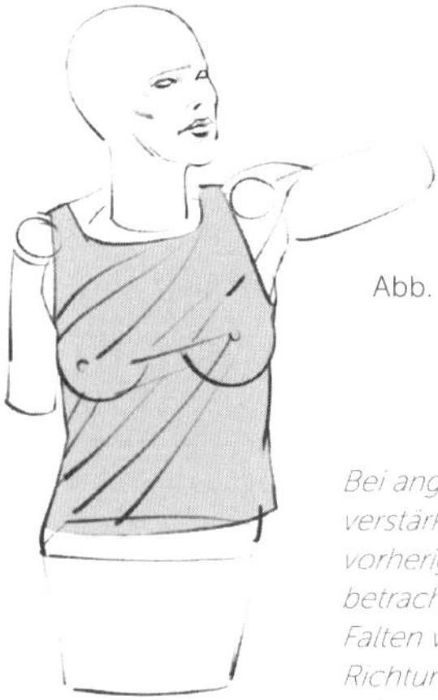

Abb. 1

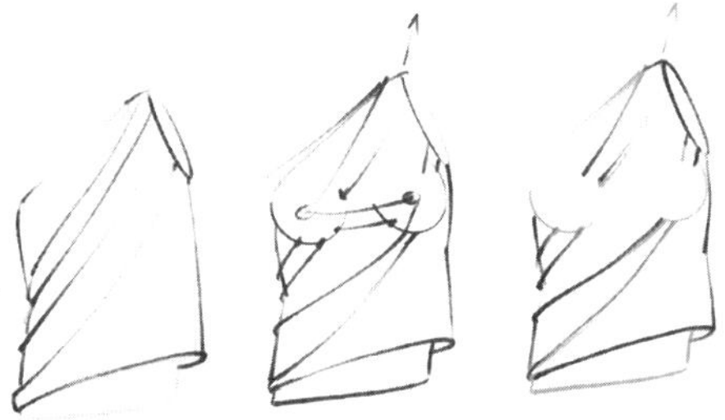

Bei angehobenem Arm verstärkt sich die auf der vorherigen Doppelseite betrachtete Bewegung. Die Falten verlaufen deutlich in Richtung des Arms und sind sehr ausgeprägt.

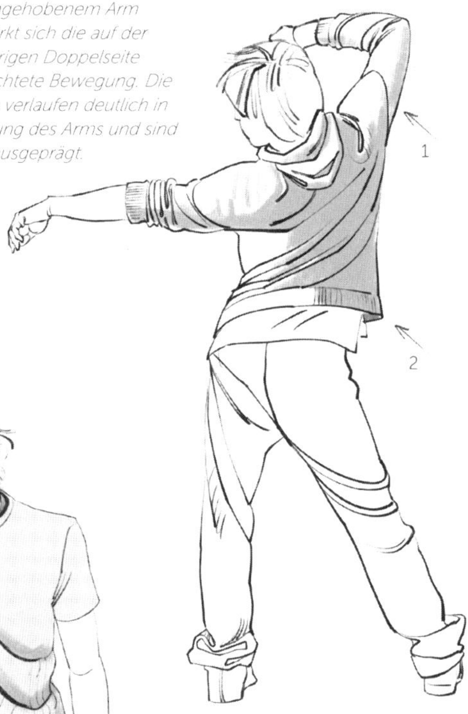

Auch bei ärmellosen Oberteilen (Abb. 1) legt sich das Kleidungsstück nach diesem Prinzip in Falten (siehe Einführung auf Seite 7).

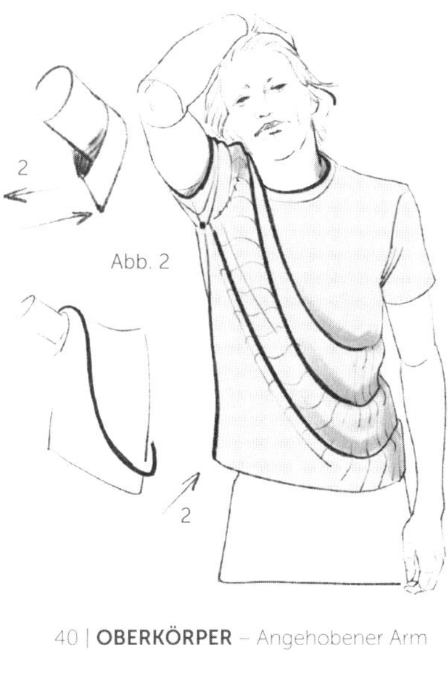

Abb. 2

Abb. 2: An der Ärmelnaht ist der Stoff dicker, und die Falten verlaufen über die Schulter.

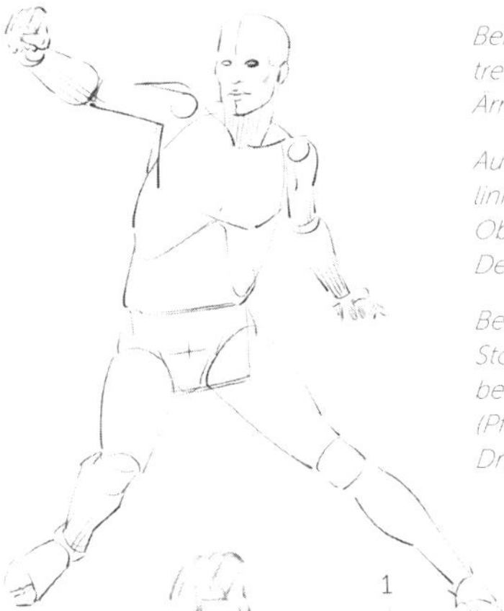

Bei einem Kleidungsstück mit Ärmeln treffen sich die Falten immer an der Ärmelnaht unter der Achsel.

Auf dieser Seite und in der Rückansicht links setzen sich die Falten bis zum Oberarm fort, wo sie sich unter den Deltamuskel legen (Pfeile 1).

Beachte auf dieser Doppelseite, wie der Stoff ausgehend von der Achselhöhle in beide Richtungen dreieckig absteht (Pfeile 2), ähnlich wie die abstehenden Dreiecke aus der Einleitung (Seite 7).

Die Achselnaht und die Schrittnaht sind die Punkte, an denen die Zuglinien zusammenlaufen.

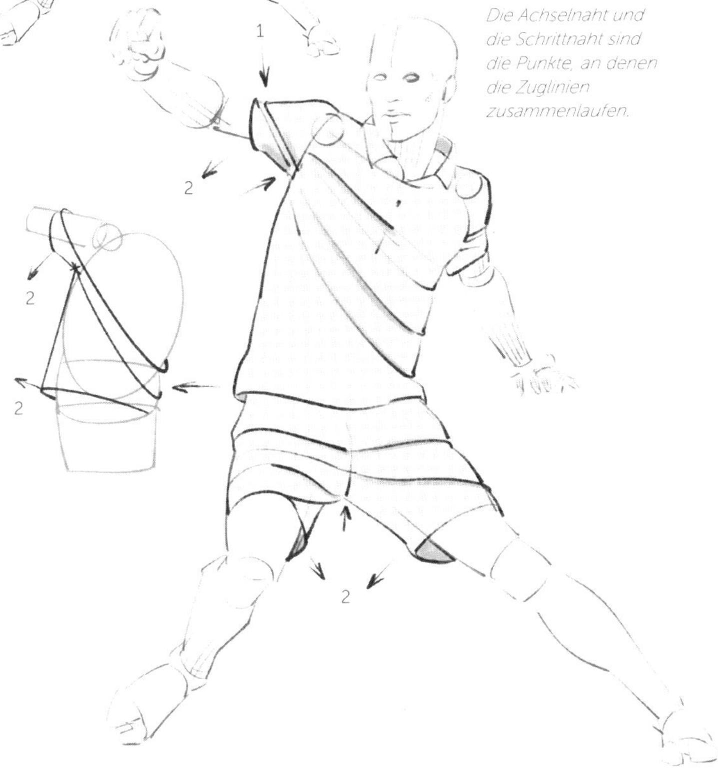

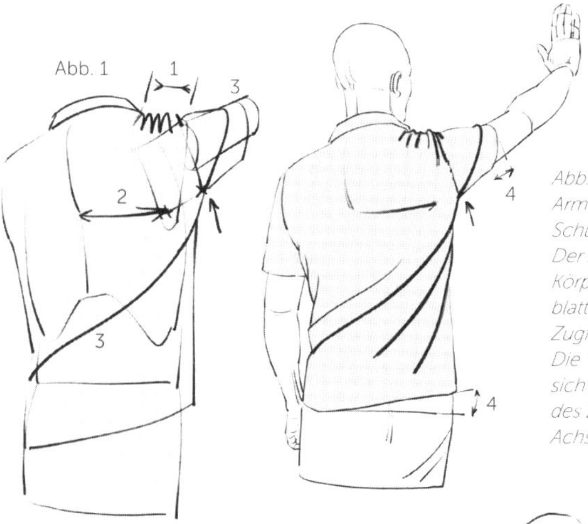

Abb. 1: Bei angehobenem Arm wird der Stoff auf der Schulter gestaucht (1). Der Abstand zwischen Körperachse und Schulterblatt wird größer (2). Zugfalten entstehen (3). Die T-Shirt-Säume ziehen sich schräg in Richtung des Zugpunkts in der Achselhöhle (4).

Abb. 2: Die Schulterblätter werden auseinandergezogen. Das auf der Seite des erhobenen Arms kippt. Zwischen den Achseln bildet sich eine Falte.

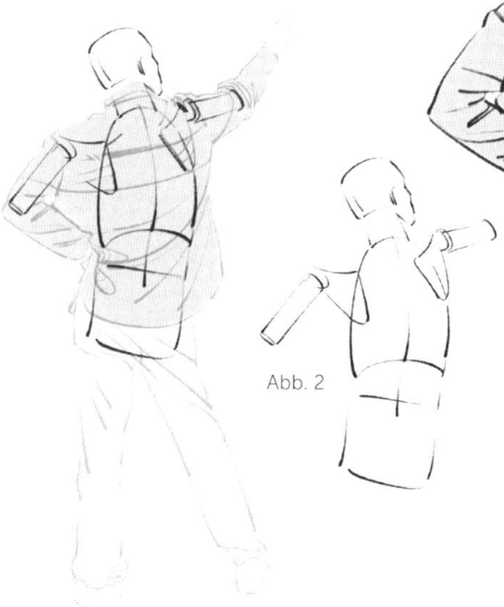

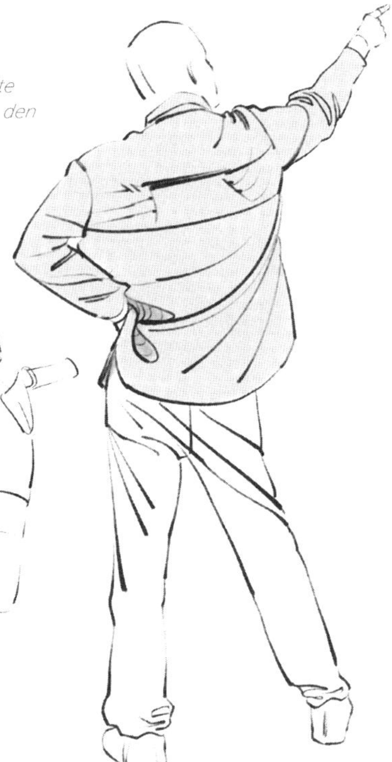

Der Stoff steht dreieckig ab (5), und zwar gegenüber der Falte, die sich über die jeweiligen Körpersegmente zieht (X, Abb. 3).

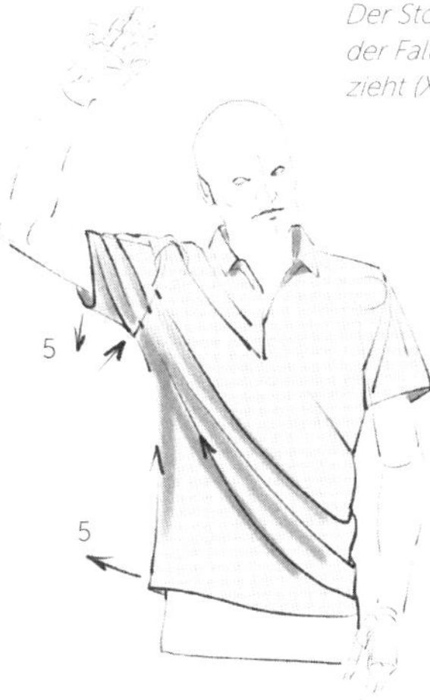

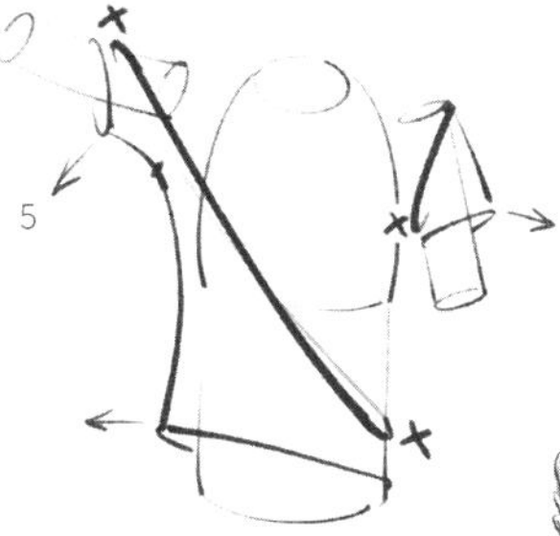

Abb. 3

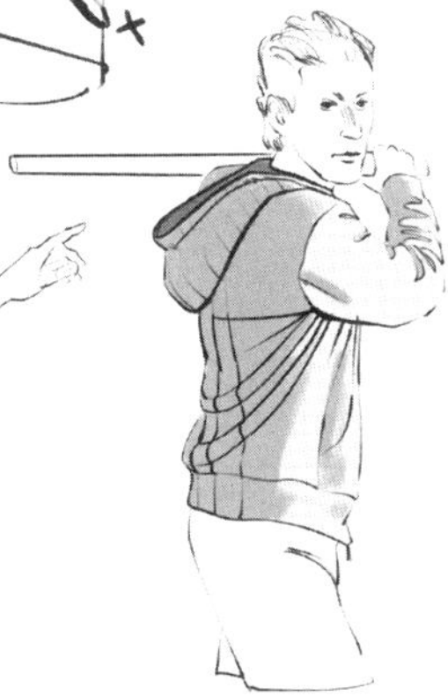

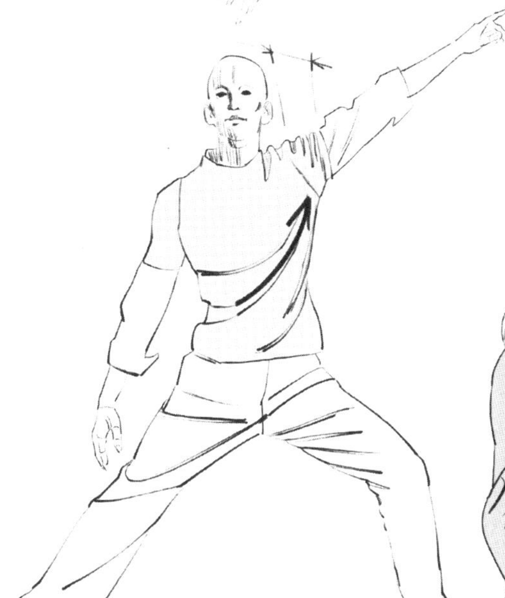

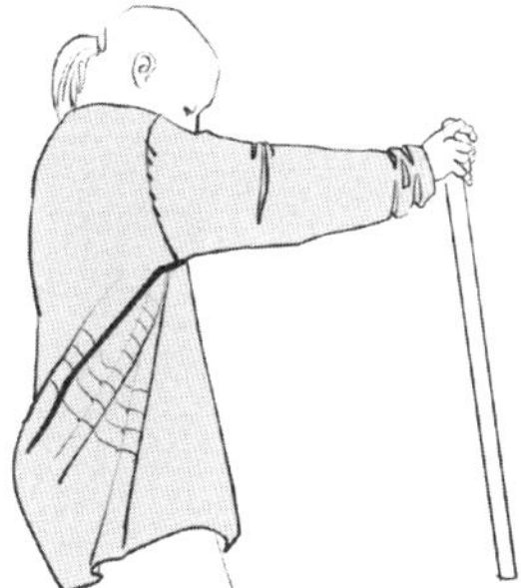

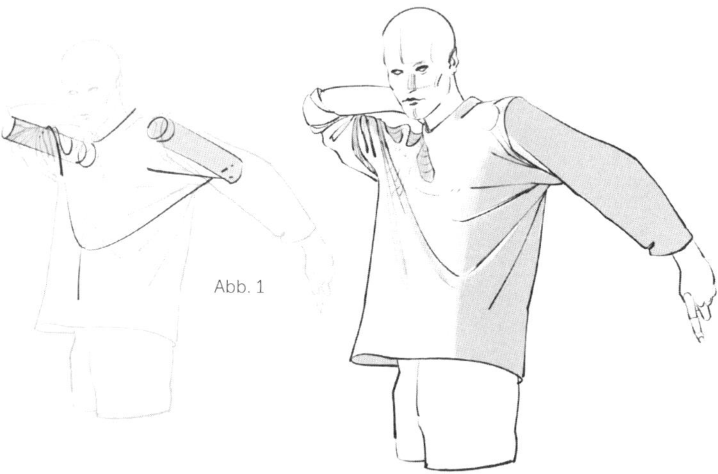

Abb. 1

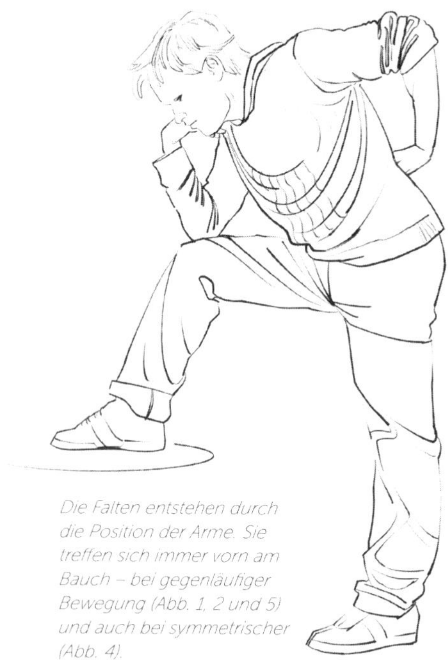

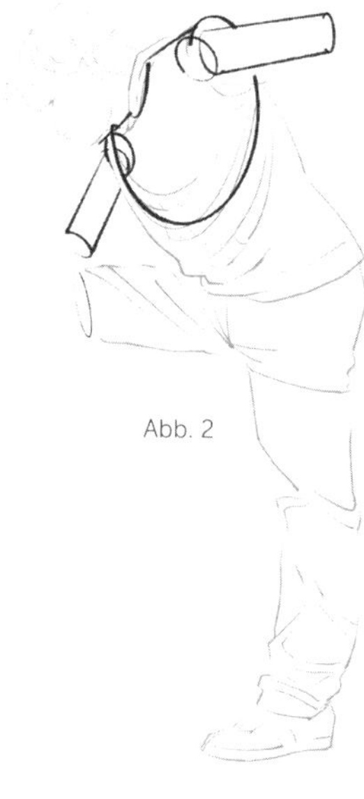

Abb. 2

Die Falten entstehen durch die Position der Arme. Sie treffen sich immer vorn am Bauch – bei gegenläufiger Bewegung (Abb. 1, 2 und 5) und auch bei symmetrischer (Abb. 4).

Abb. 3: Beachte auch die Falten und den abstehenden Stoff an den Ärmeln.

Abb. 3

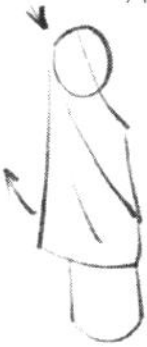

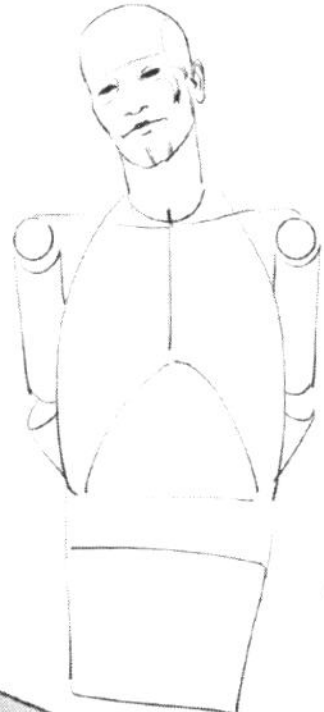

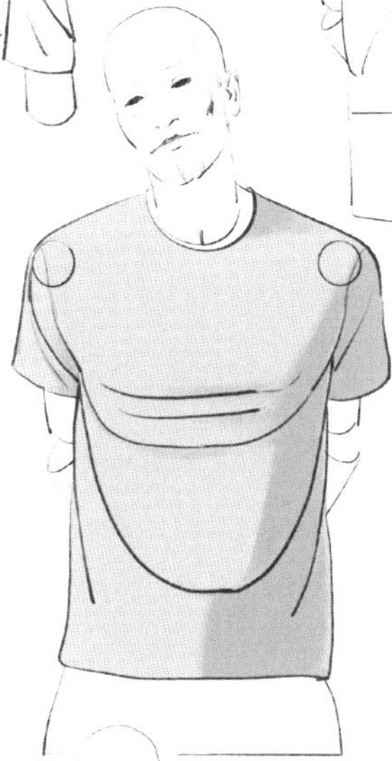

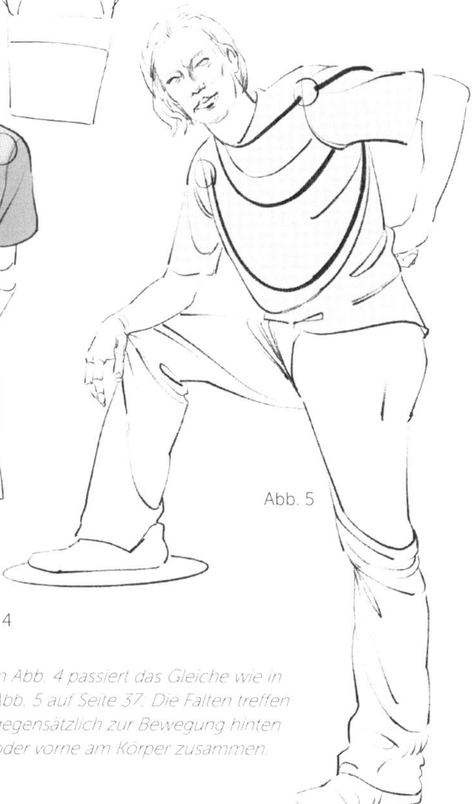

Abb. 5

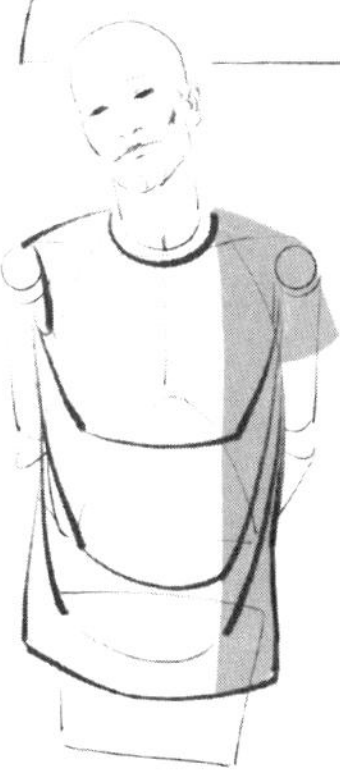

Abb. 4

In Abb. 4 passiert das Gleiche wie in Abb. 5 auf Seite 37: Die Falten treffen gegensätzlich zur Bewegung hinten oder vorne am Körper zusammen.

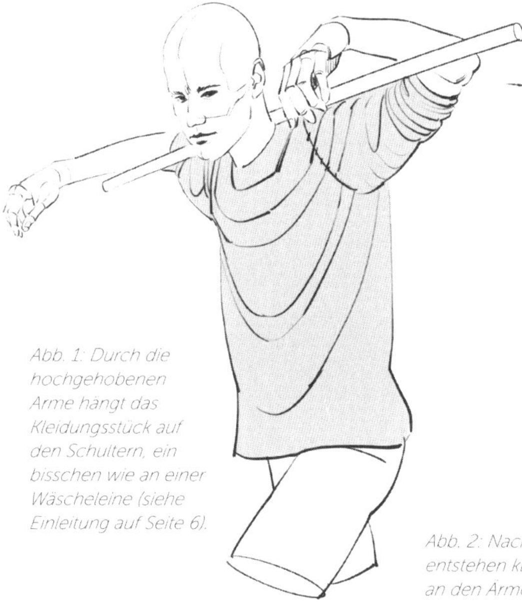

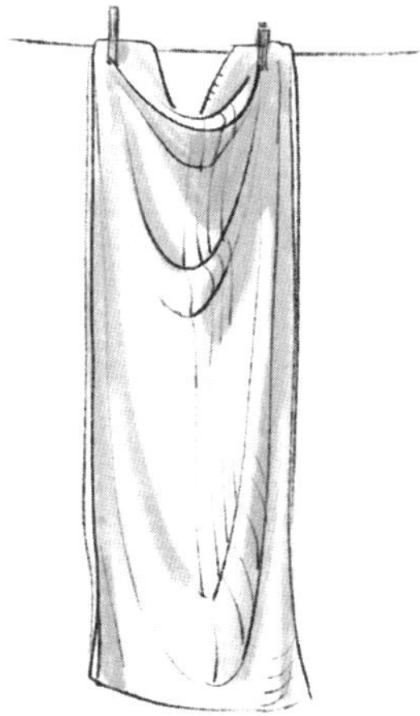

Abb. 1: Durch die hochgehobenen Arme hängt das Kleidungsstück auf den Schultern, ein bisschen wie an einer Wäscheleine (siehe Einleitung auf Seite 6).

Abb. 2: Nach dem gleichen Prinzip entstehen kleine sekundäre Falten an den Ärmeln.

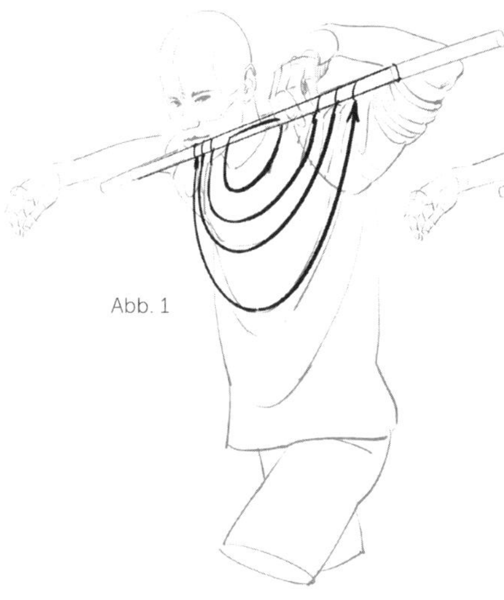

Abb. 1

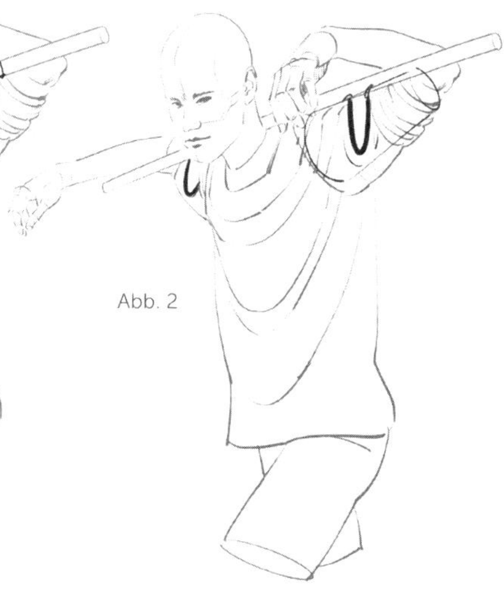

Abb. 2

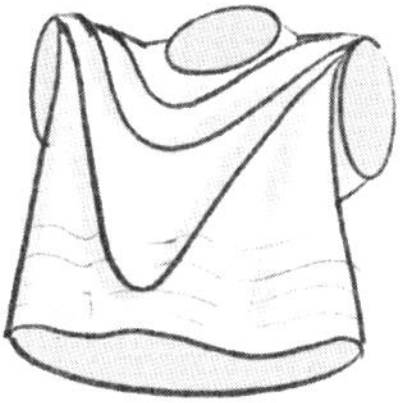

Abb. 3: Das Kleidungsstück hängt auf den Schultern. Da die Arme symmetrisch angehoben sind, treffen die Falten mittig in einer Kurve zusammen.

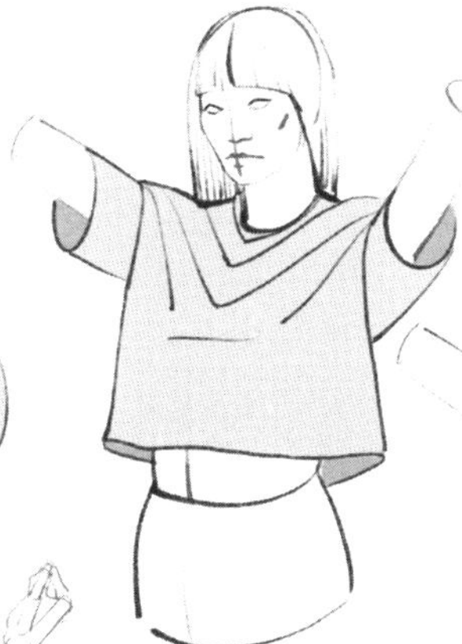

Abb. 3

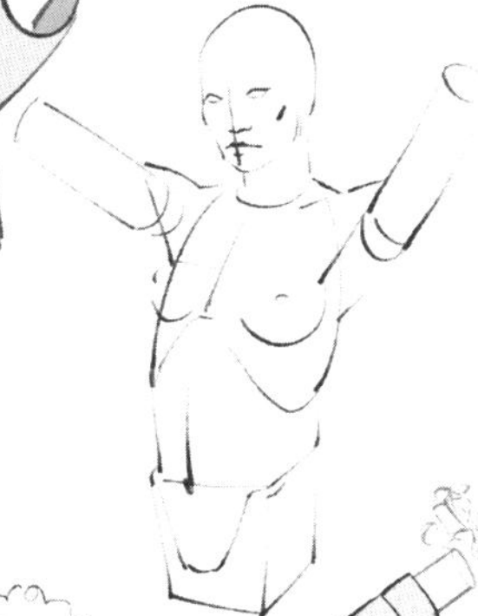

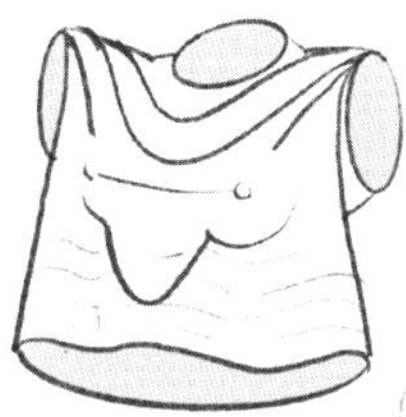

Abb. 4

Abb. 5

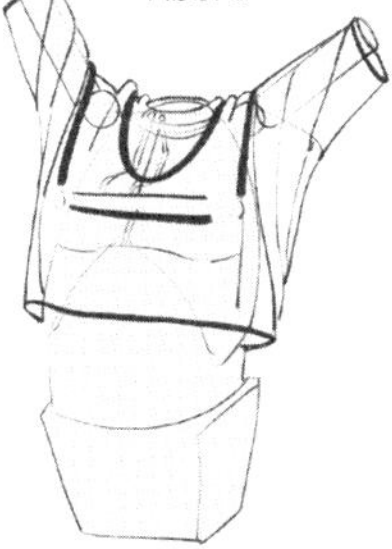

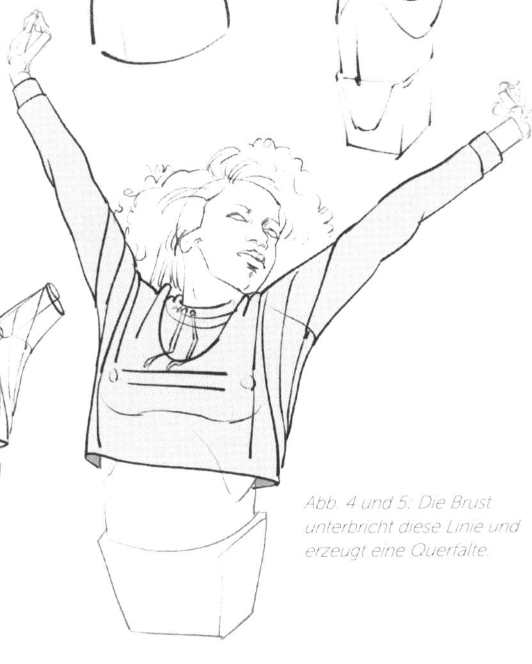

Abb. 4 und 5: Die Brust unterbricht diese Linie und erzeugt eine Querfalte.

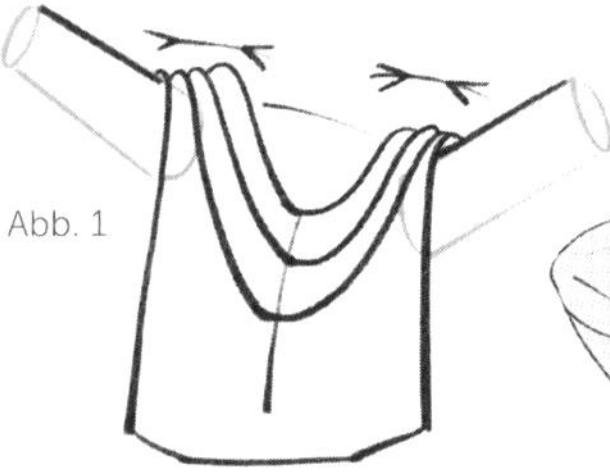

Abb. 1

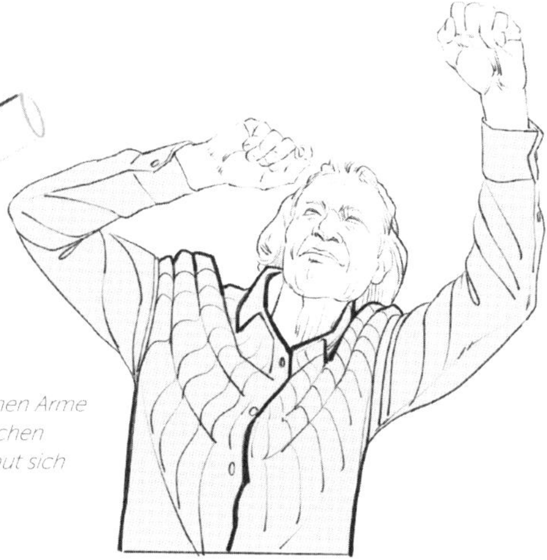

Abb. 1 und 2: Durch die erhobenen Arme verringert sich der Abstand zwischen Schultern und Hals. Der Stoff staut sich in diesem Bereich.

Abb. 3 und 4: An der Schulter versteifen oft Ärmelnähte die Kleidung, wodurch sich dieser Bereich in solchen Positionen am Stück nach oben schiebt.

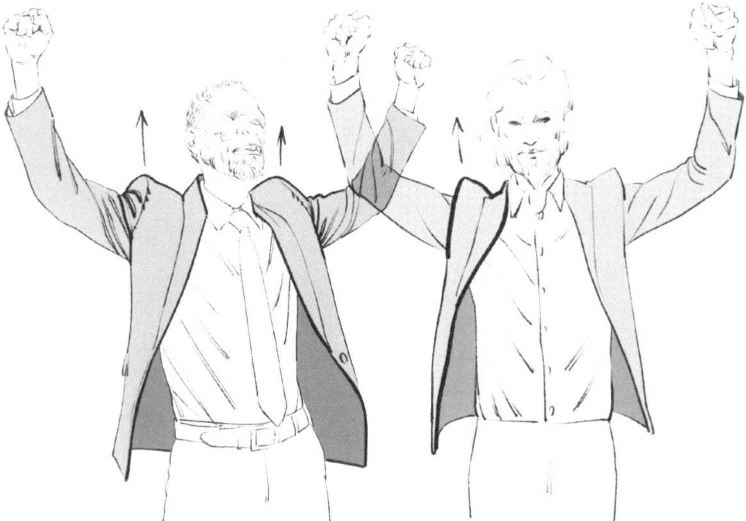

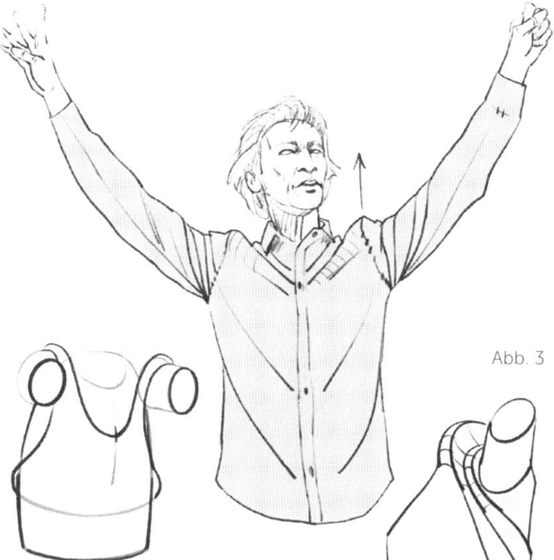

Abb. 3

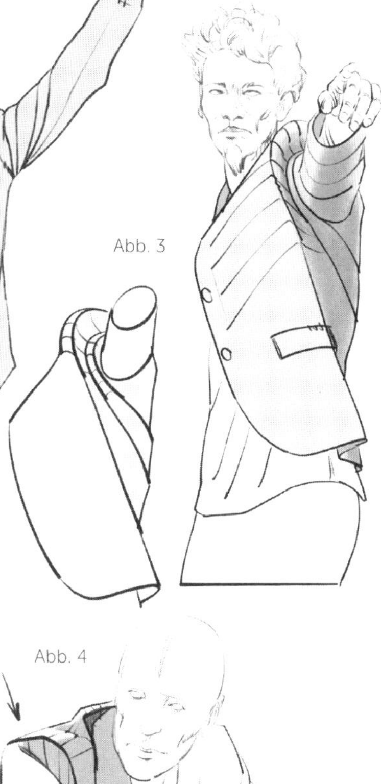

Abb. 2

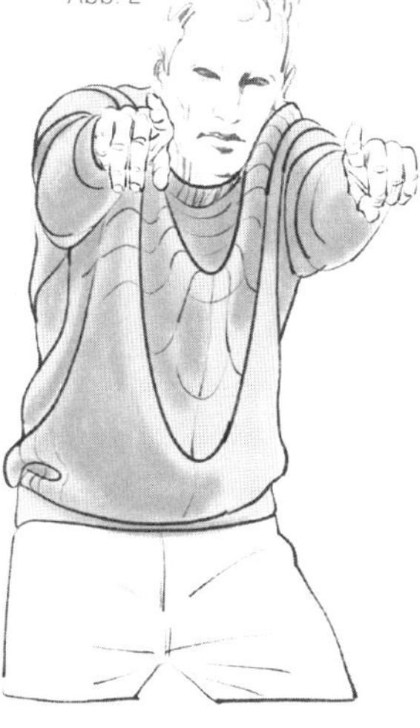

Abb. 4

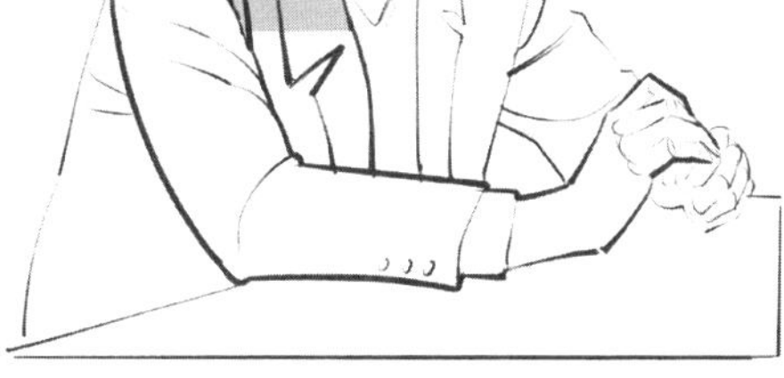

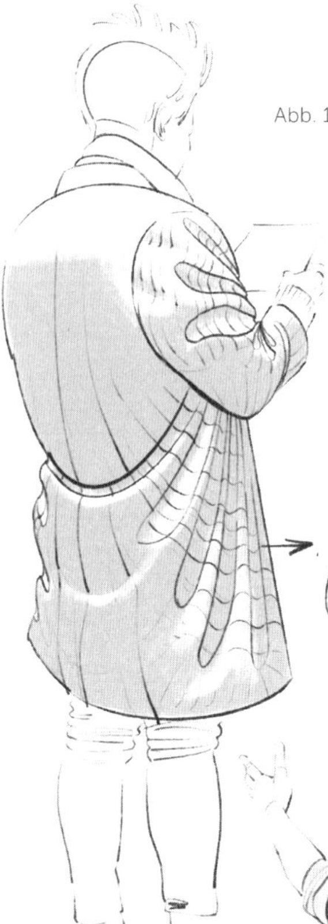

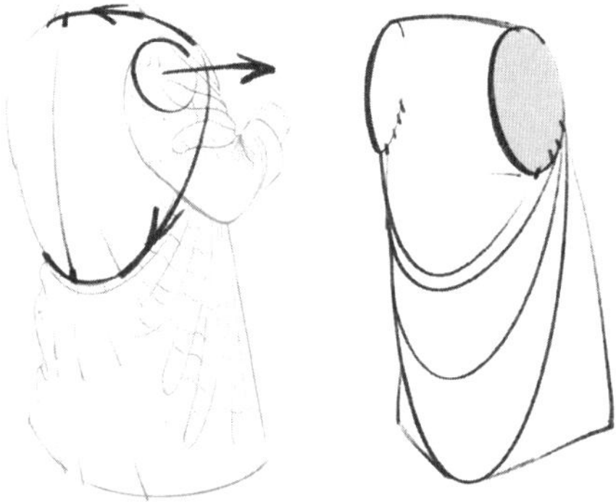

Abb. 1

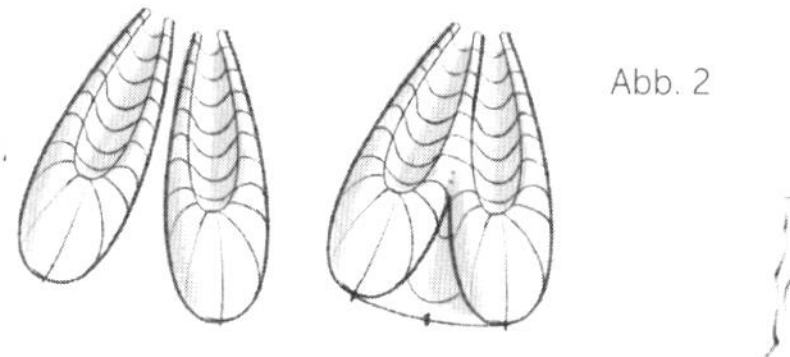

Abb. 2

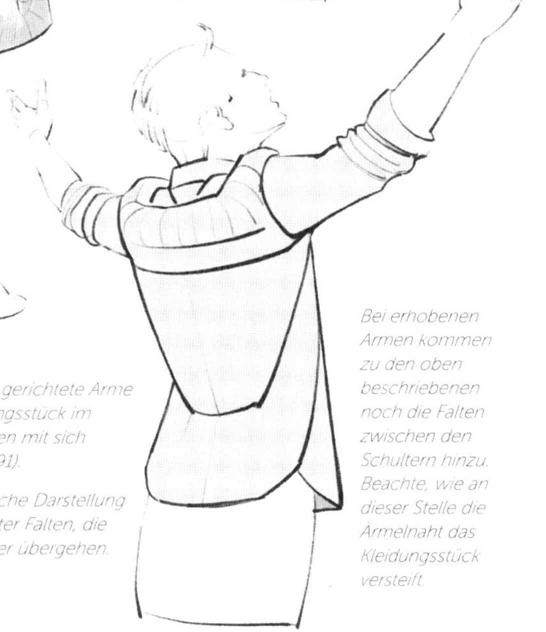

Abb. 1: Nach vorn gerichtete Arme ziehen das Kleidungsstück im Rücken und Nacken mit sich *(siehe auch Seite 91).*

Abb. 2: Schematische Darstellung zweier benachbarter Falten, die teilweise ineinander übergehen.

Bei erhobenen Armen kommen zu den oben beschriebenen noch die Falten zwischen den Schultern hinzu. Beachte, wie an dieser Stelle die Ärmelnaht das Kleidungsstück versteift.

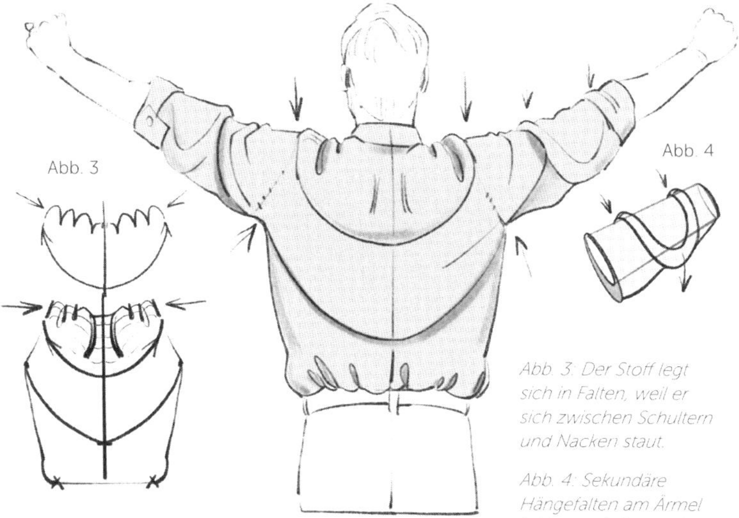

Abb. 3

Abb. 4

Abb. 3: Der Stoff legt sich in Falten, weil er sich zwischen Schultern und Nacken staut.

Abb. 4: Sekundäre Hängefalten am Ärmel (siehe auch Seite 46).

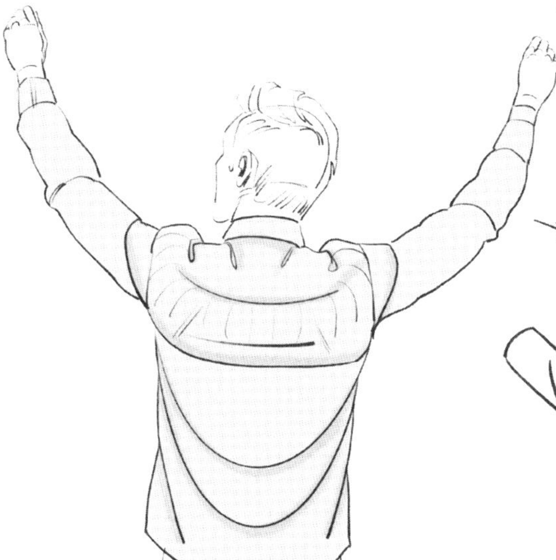

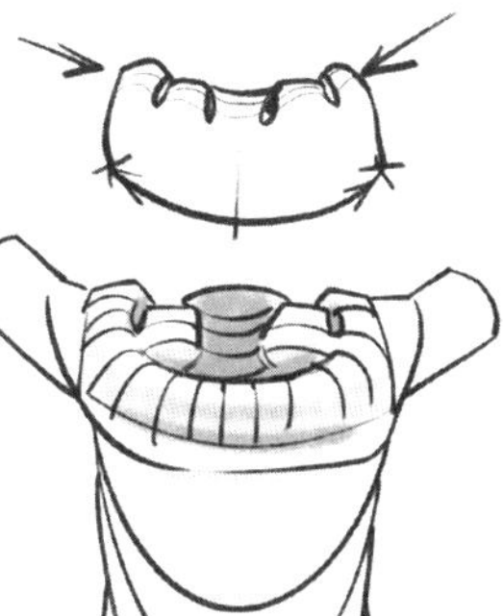

Auf dieser Doppelseite zwingen Knöpfe, Knoten und Gürtel den Stoff in Falten.

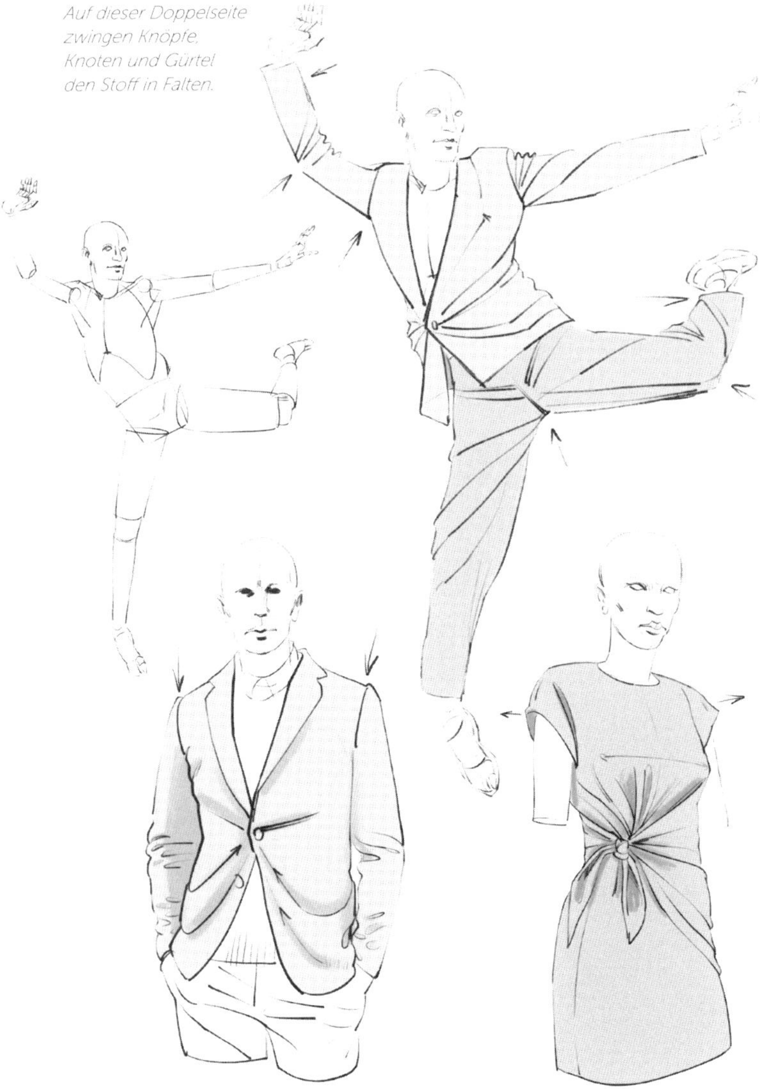

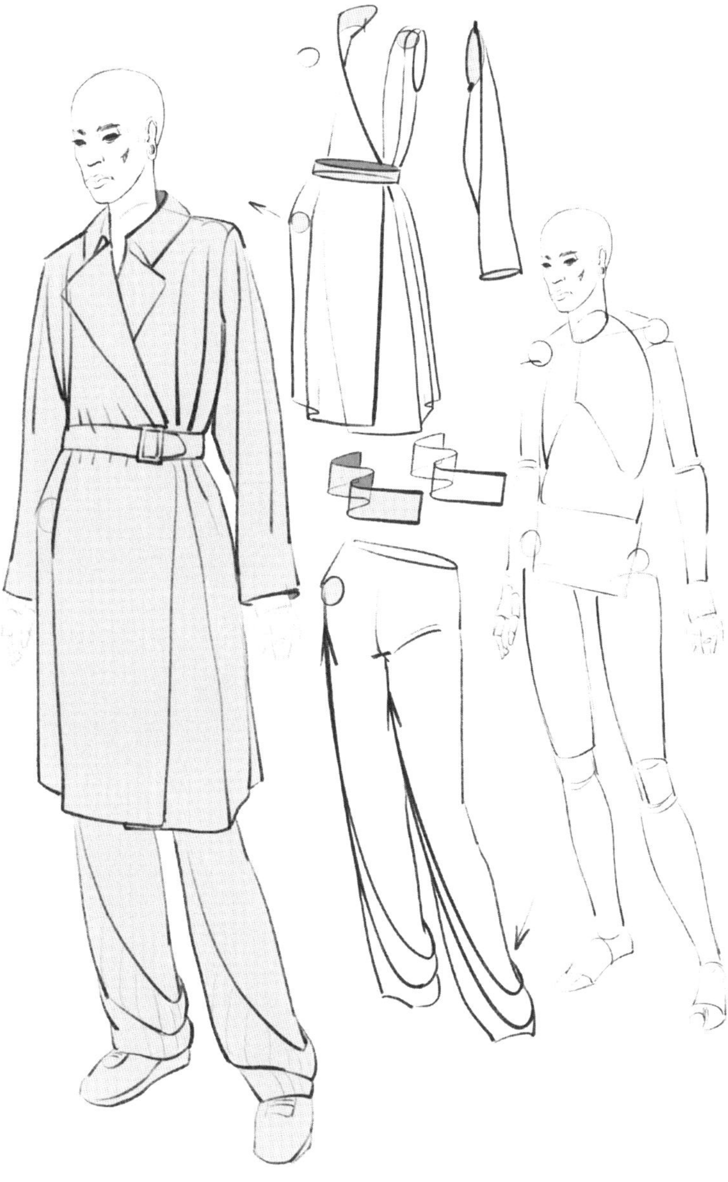

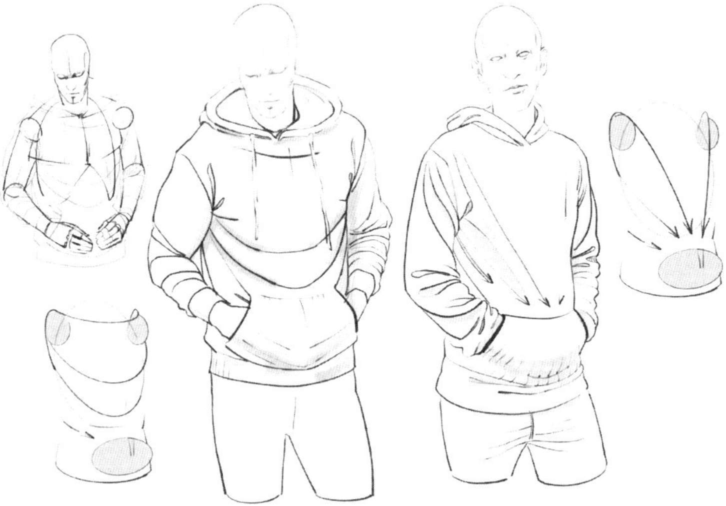

Hier ziehen die in die Taschen gesteckten Hände den Stoff von den Schultern nach unten.

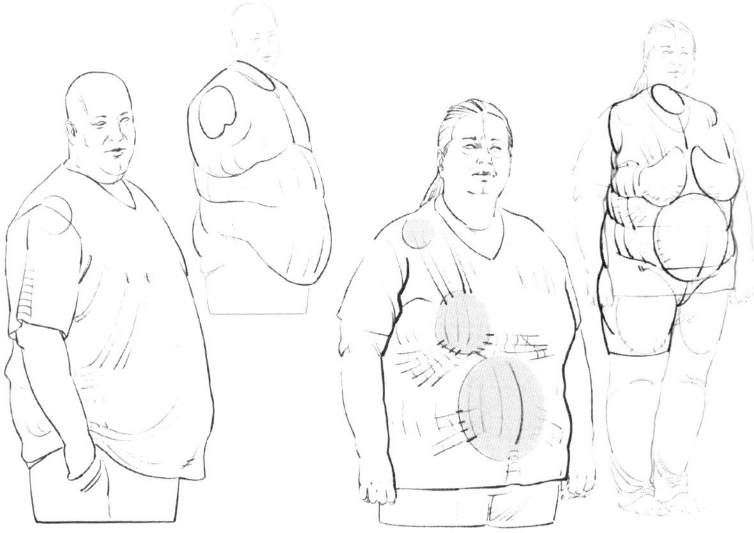

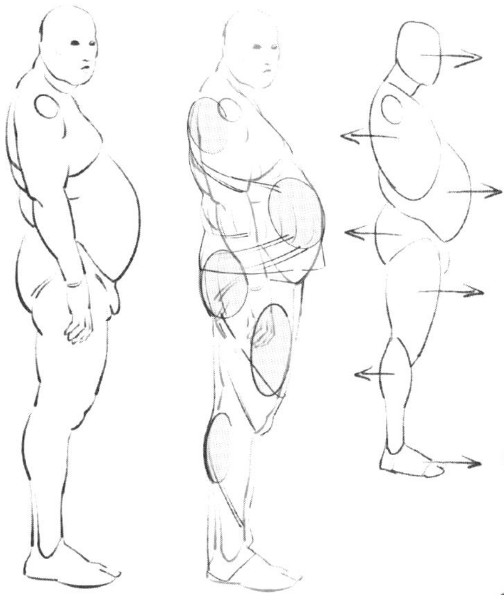

Übergewicht oder ein Babybauch erzeugen Falten, die von Schulterblättern und Po ausgehend am Bauch zusammenlaufen.

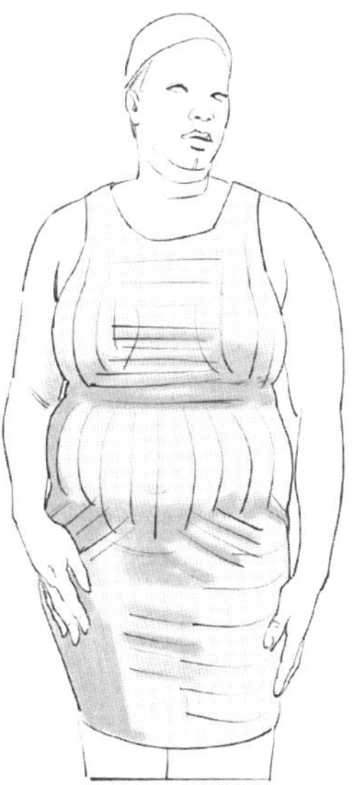

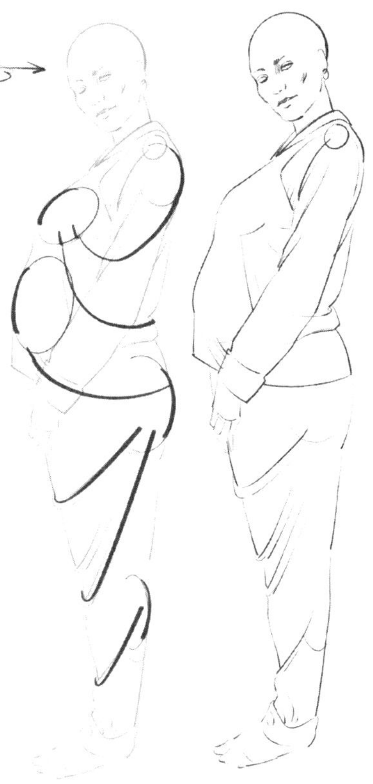

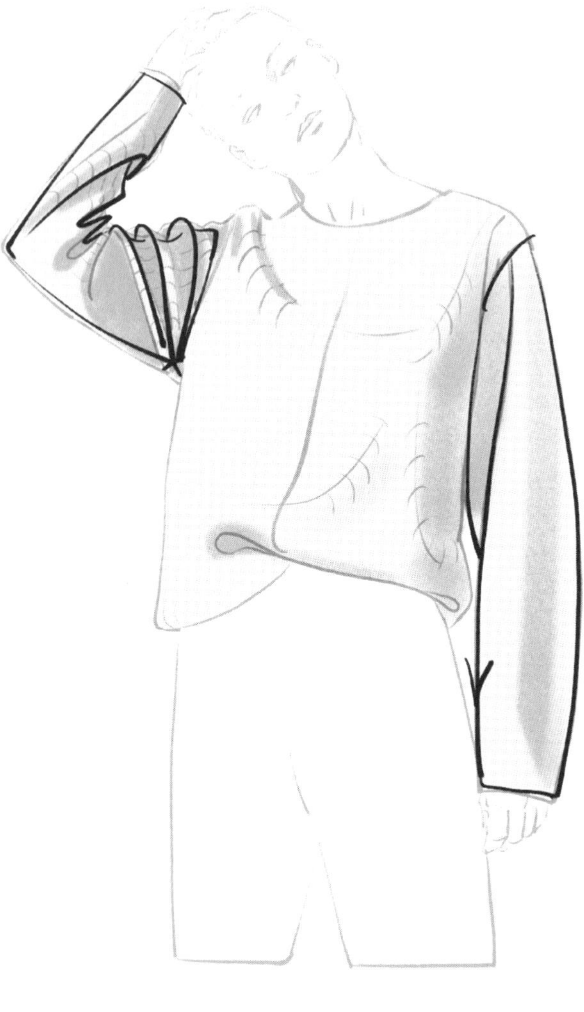

ARME

In dieser natürlichen Handhaltung (hier von hinten gezeigt, Daumen ist nach innen gerichtet) ist die Speiche verdreht: Die Knochen des Unterarms überkreuzen sich (Abb. 1). Das überträgt sich entsprechend auf den Ärmel.

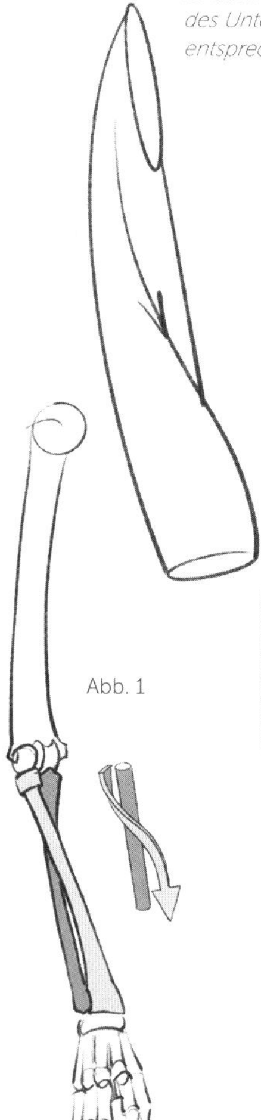

Abb. 1

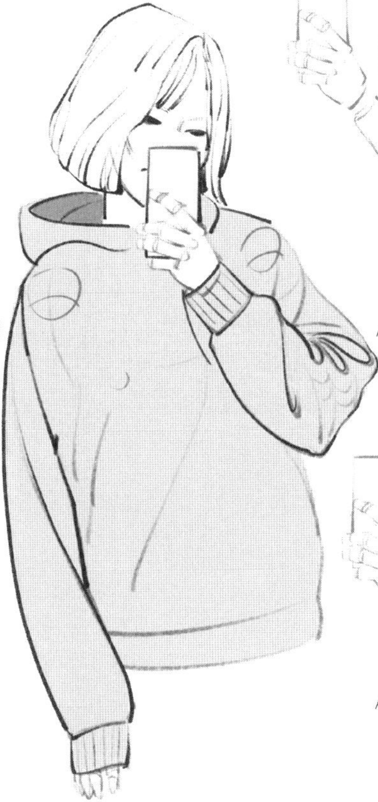

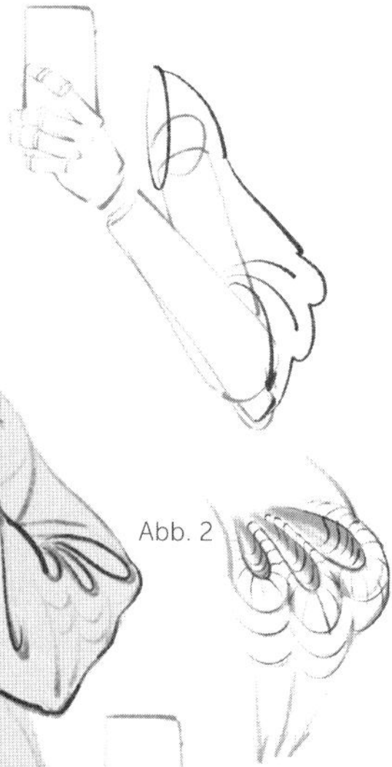

Abb. 2

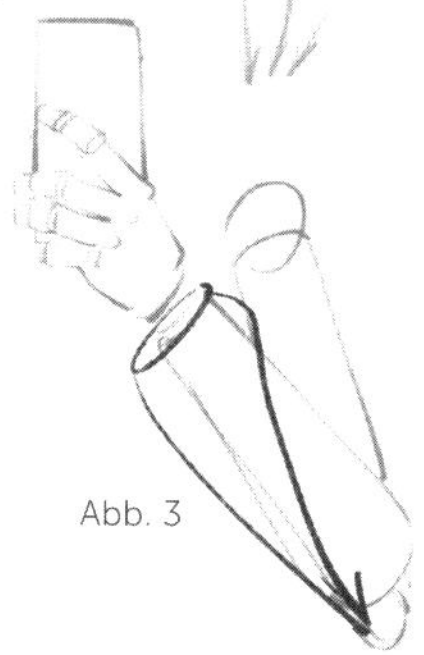

Abb. 3

Abb. 2: Schematische Darstellung der Beugefalten eines weichen, dicken Stoffes am Ellenbogen.

Abb. 3: Bei gebeugtem Arm verläuft eine Falte den Unterarm entlang von Ellenbogen bis Handgelenk, immer nach dem gleichen Prinzip (siehe Einleitung auf Seite 9).

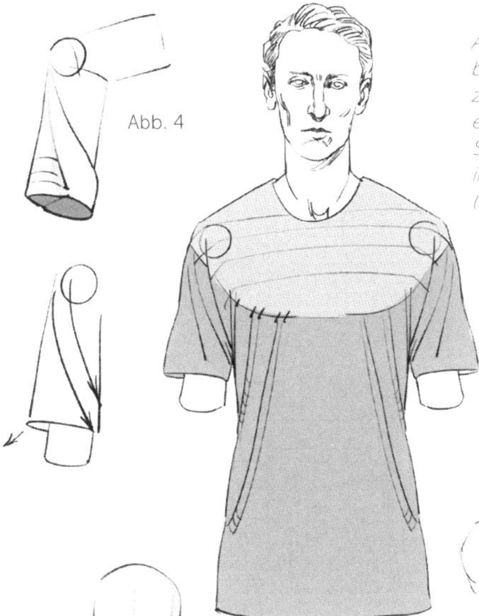

Abb. 4

Abb. 4: Ein hängender Arm bildet einen rechten Winkel zur Schulterachse. Deshalb entsteht hier ein abstehendes Stoffdreieck, wie es immer in der Beugung vorkommt (siehe Einleitung auf Seite 9).

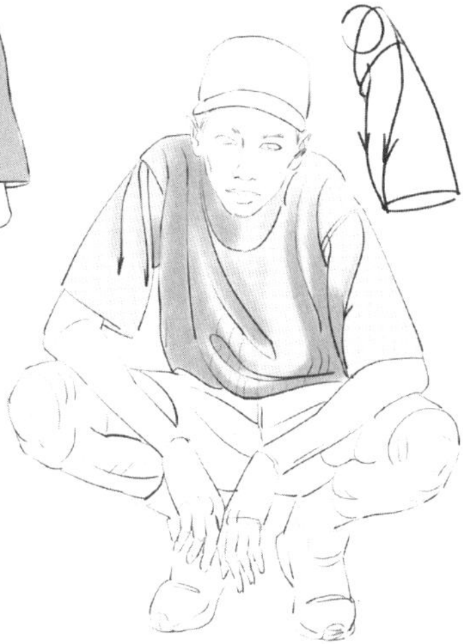

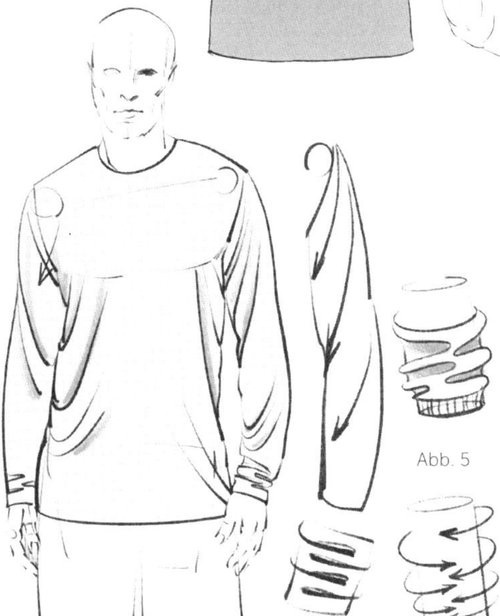

Abb. 5

Abb. 5: Der lange, locker geschnittene Ärmel aus weichem Stoff folgt der Schwerkraft. Am Handgelenk bilden sich versetzte, abwechselnde Staufalten (rechts/links und oben/unten). Zufällige Falten können dieses Muster durchbrechen, aber das Prinzip bleibt und ist am besten auf geschmeidigen Stoffen zu erkennen.

(Siehe auch das andere Schema in der Einleitung auf Seite 11.)

Abb. 2

Abb. 1

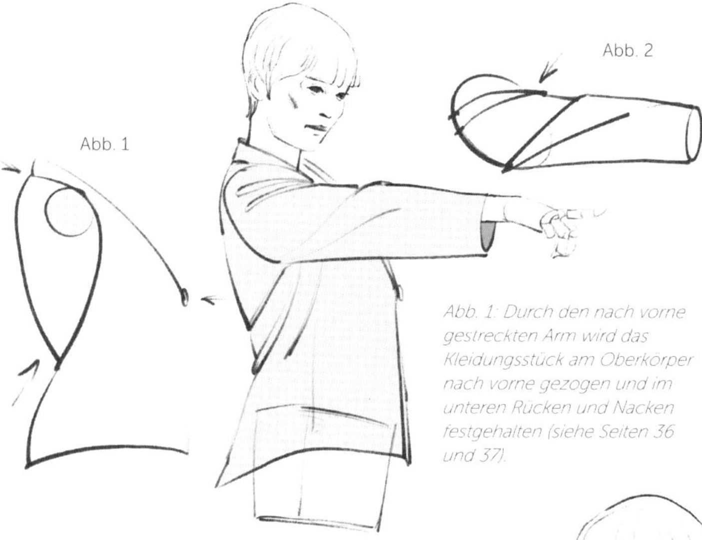

Abb. 1: Durch den nach vorne gestreckten Arm wird das Kleidungsstück am Oberkörper nach vorne gezogen und im unteren Rücken und Nacken festgehalten (siehe Seiten 36 und 37).

Abb. 2: Auf dem Ärmel betont eine Falte den Deltamuskel (Musculus deltoideus, (siehe Seiten 41 und 42).

Abb. 3: Von der Naht unter der Achsel ausgehend reihen sich weitere Falten bis zum Unterarm auf.

Abb. 3

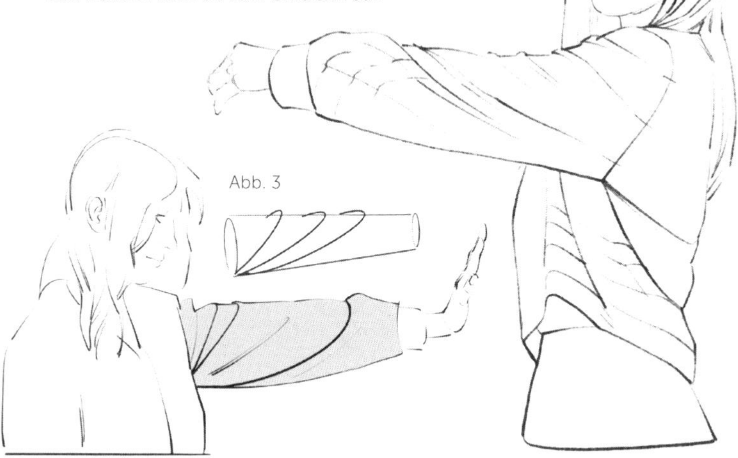

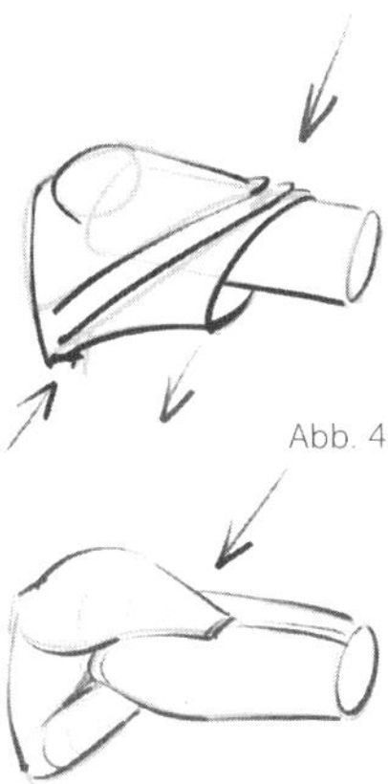

Abb. 4

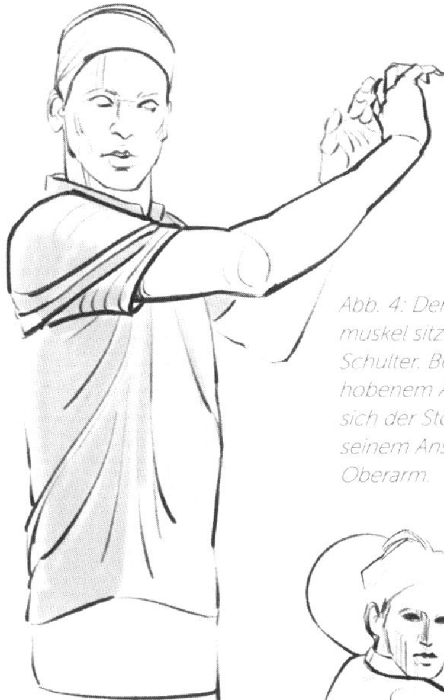

Abb. 4: Der Deltamuskel sitzt auf der Schulter. Bei angehobenem Arm staut sich der Stoff an seinem Ansatz am Oberarm.

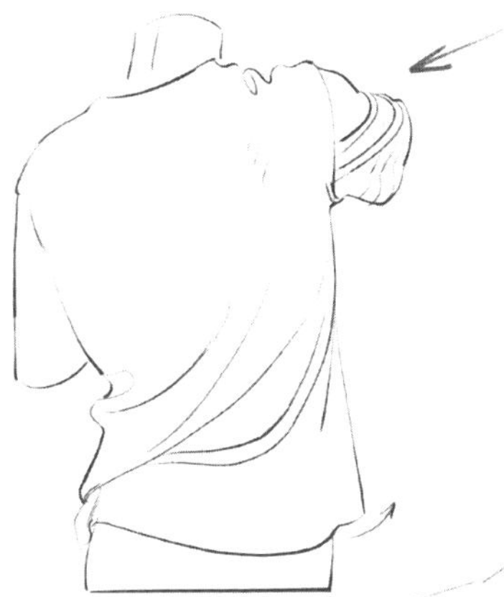

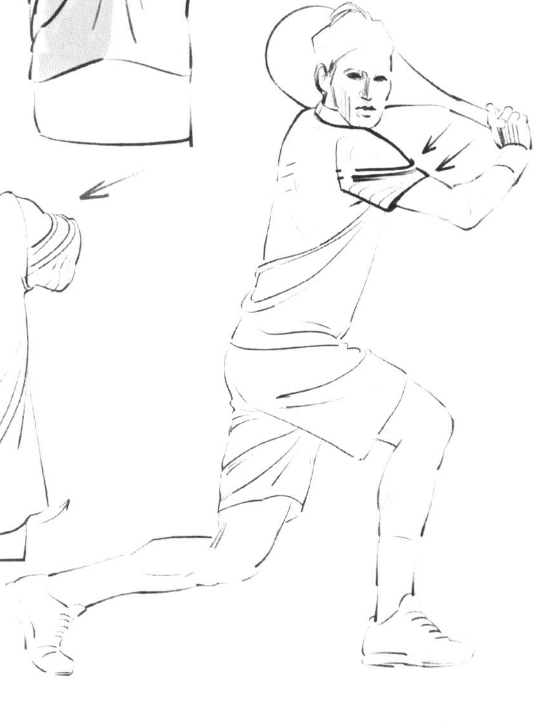

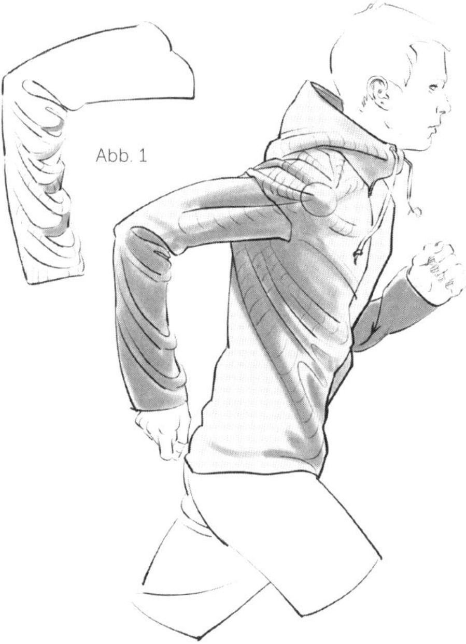

Abb. 1

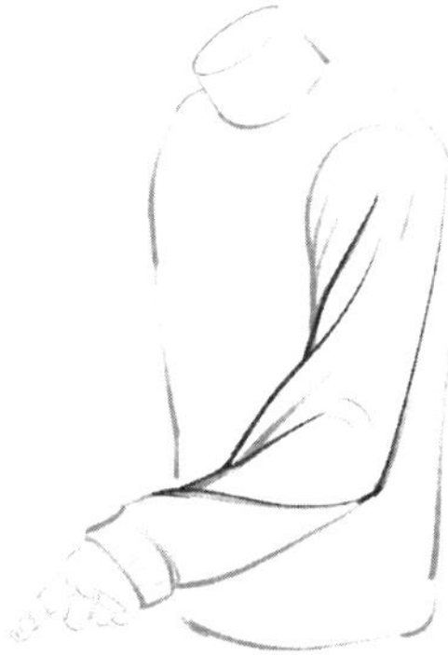

Abb. 1: Zu den Beugefalten kommen Staufalten hinzu (siehe Einleitung, Seiten 12 und 13, Abb. 7 und 8).

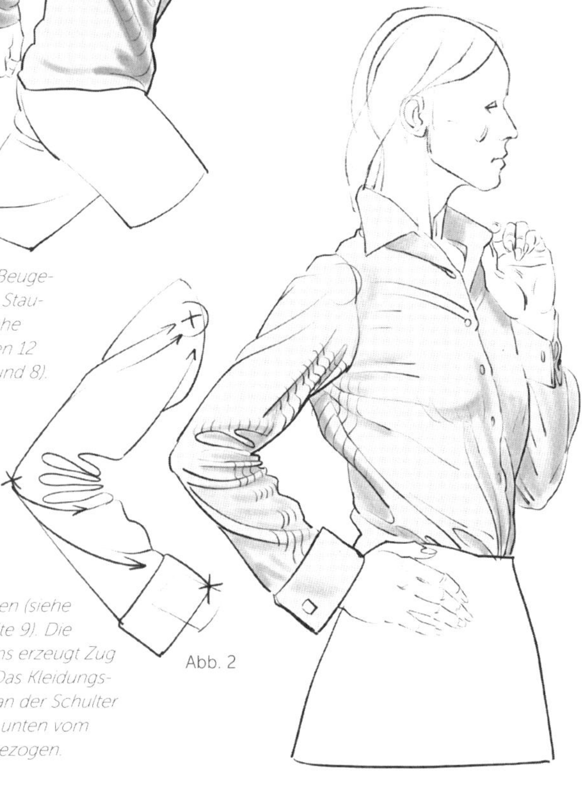

Abb. 2: Beugefalten (siehe Einleitung auf Seite 9). Die Beugung des Arms erzeugt Zug am Ellenbogen. Das Kleidungsstück wird oben an der Schulter festgehalten und unten vom Handgelenk mitgezogen.

Abb. 2

Abb. 3: Zusammengeschobene Falten unter dem Deltamuskel und Beugefalten vom Ellenbogen aus.

Abb. 4 und 5: Bei nach vorn gehaltenen Armen verlaufen auf dem Ärmel in Höhe der Schulter Falten, die sich auch über den Rücken ziehen.

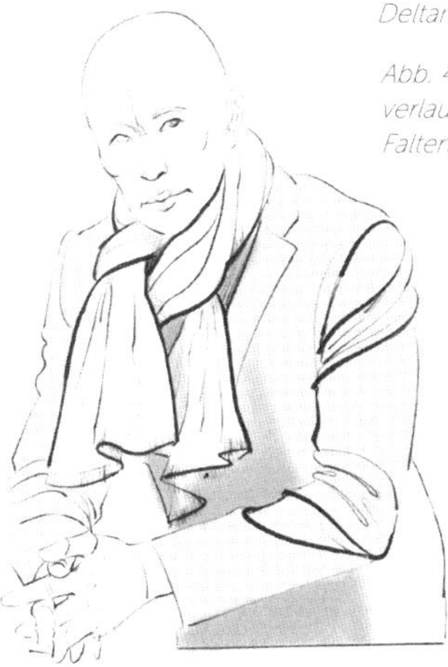

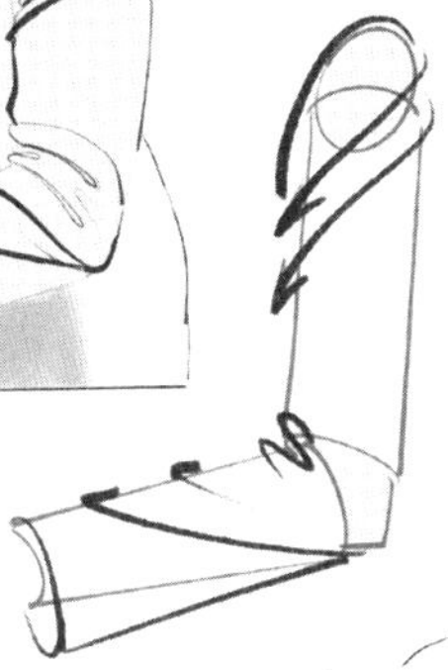

Abb. 3

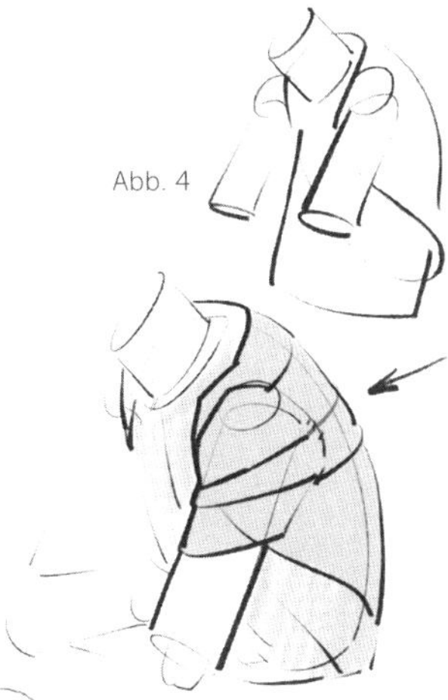

Abb. 4

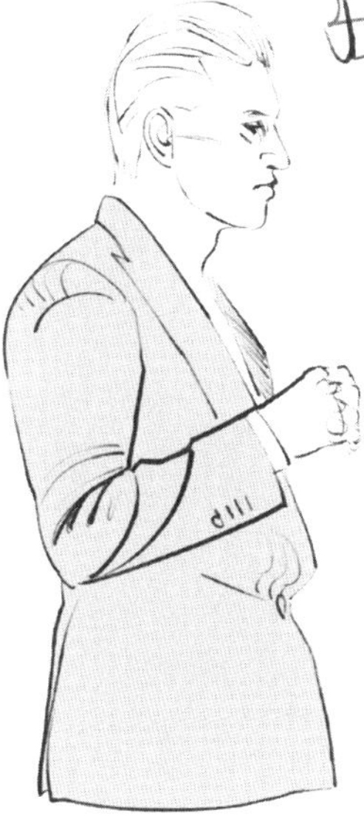

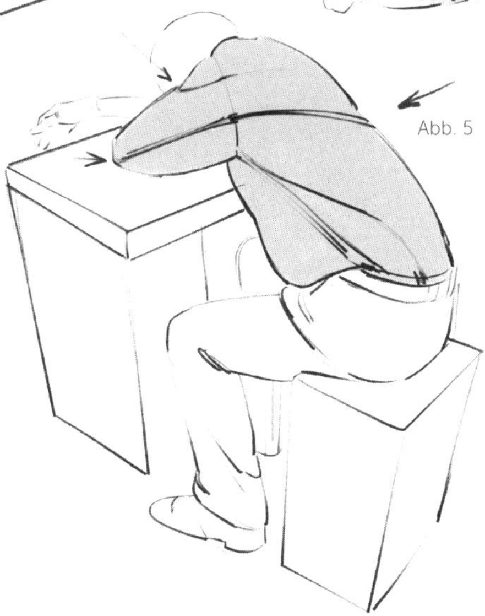

Abb. 5

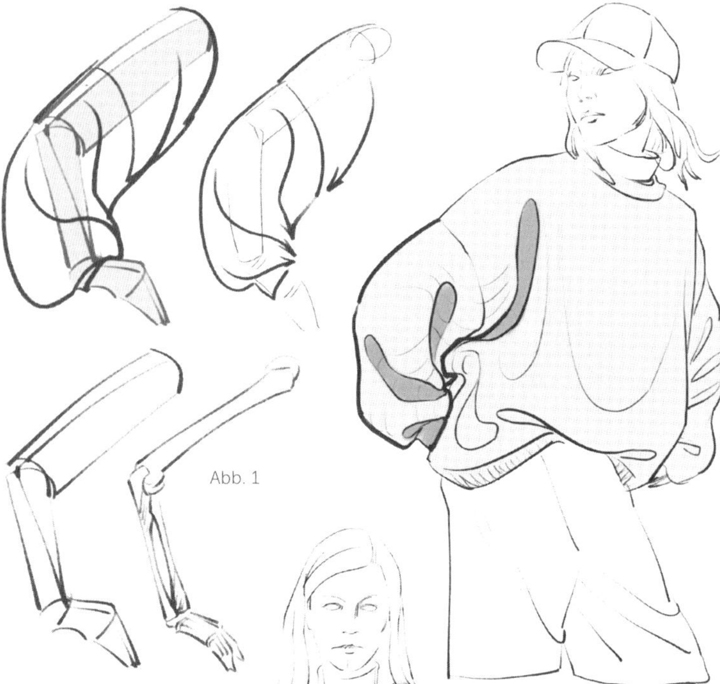

Abb. 1

Abb. 1: Der Ärmel folgt der Ausrichtung der Hand. Die Falten rollen sich vom Ellenbogen bis zum Handgelenk in Richtung Daumen.

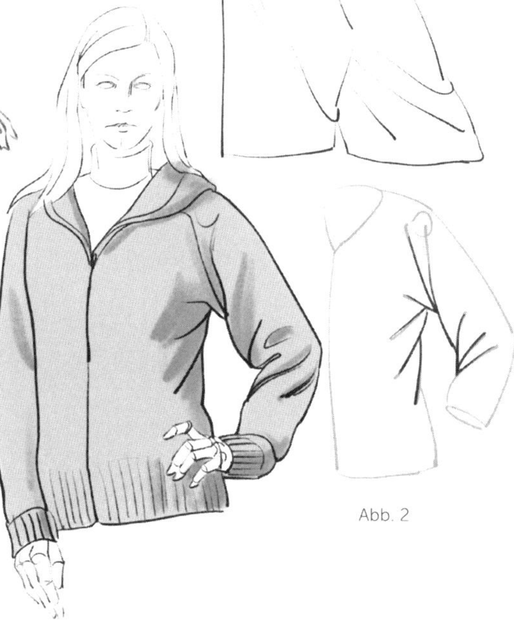

Abb. 2: Spiralförmige Faltenreihung von der Taille über die Achselhöhle bis zum Unterarm.

Abb. 2

Zwei Versionen einer Zeichnung: Die obere (Abb. 3) zeigt die Richtung der Hauptfalten. Bei der unteren Zeichnung (Abb. 4) wird auch die Dicke des Stoffes berücksichtigt.

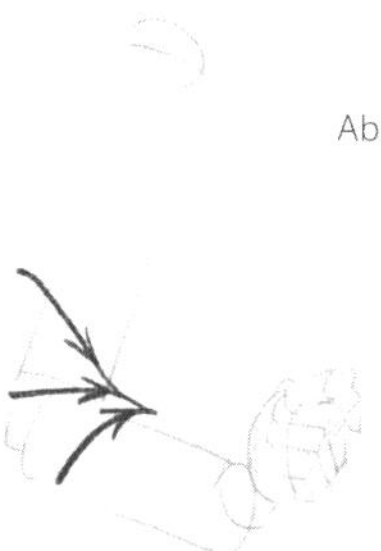

Abb. 3

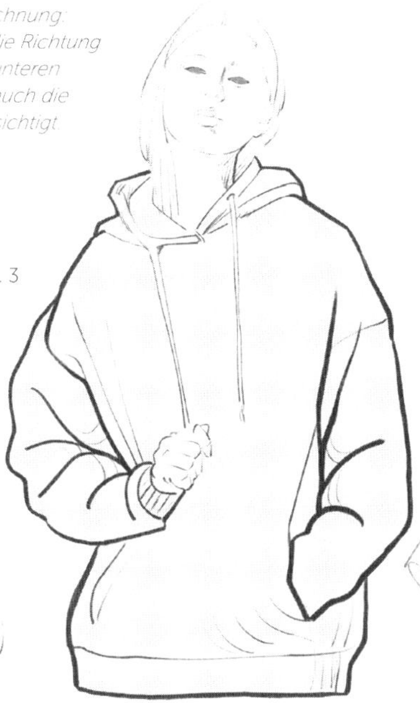

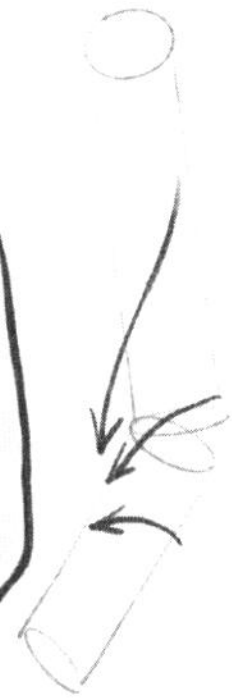

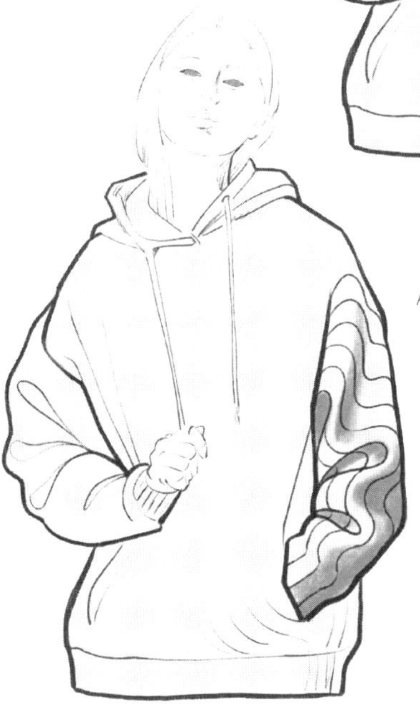

Abb. 4

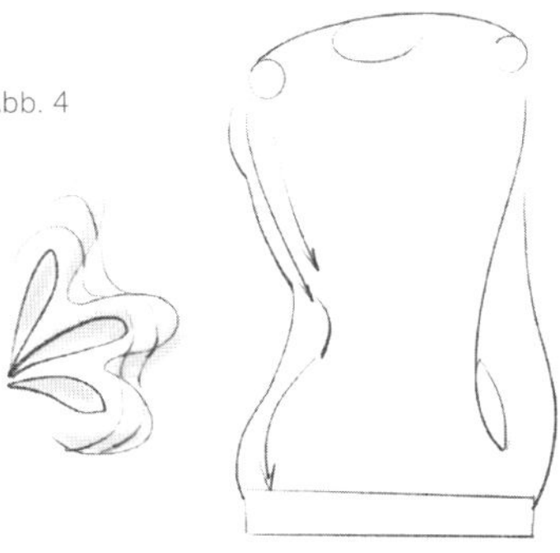

Abb. 1 und 2: Nach dem bekannten Prinzip (siehe Einleitung auf Seite 9) verlaufen die Beugefalten zum Ellenbogen. Auf der einen Seite reihen sie sich bis zum Handgelenk auf, auf der anderen werden sie an der Achselnaht aufgehalten.

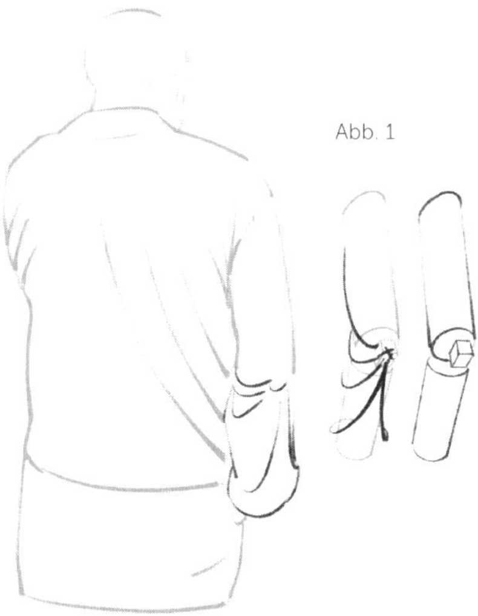

Abb. 1

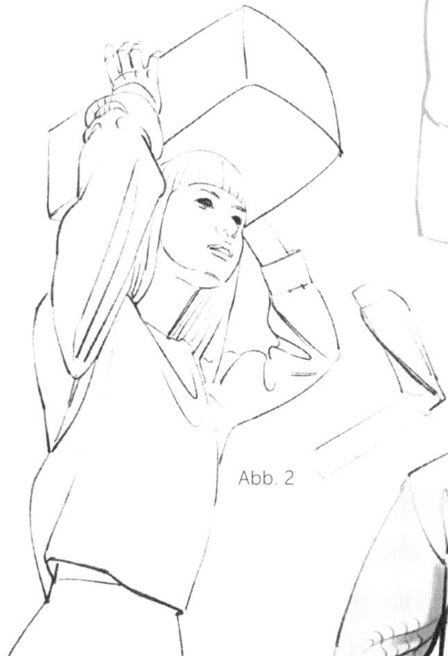

Abb. 2

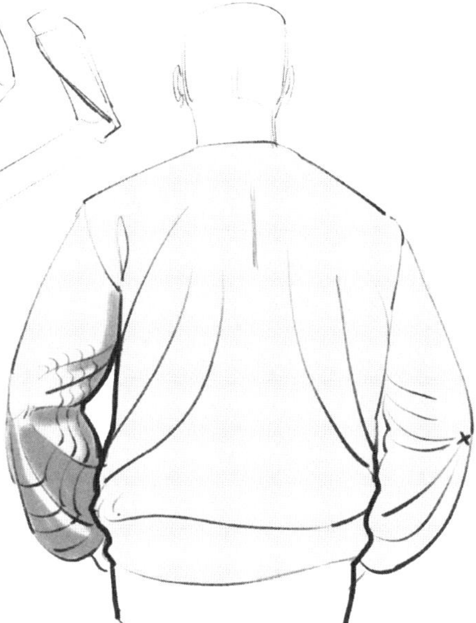

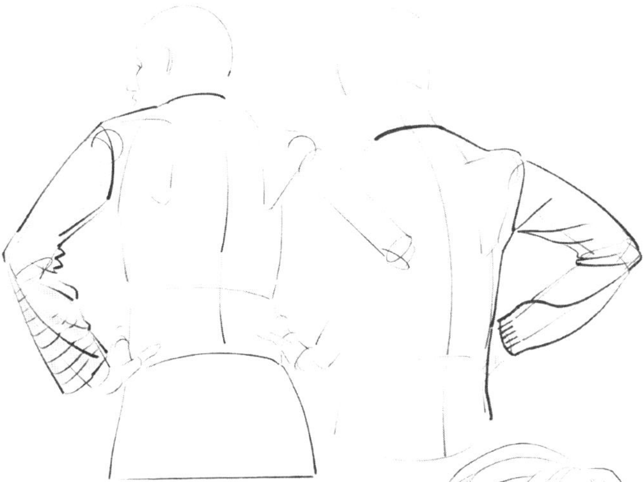

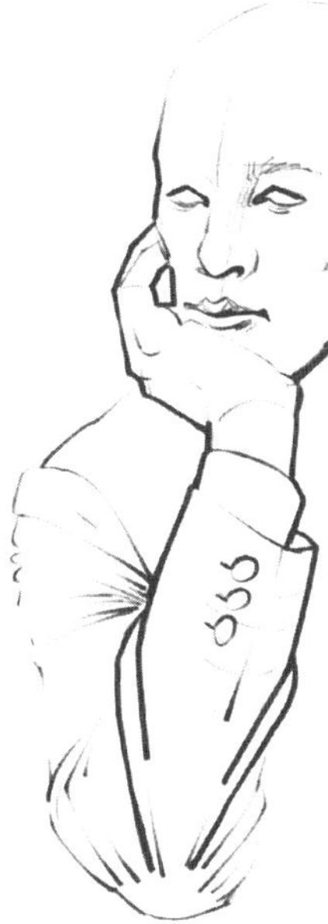

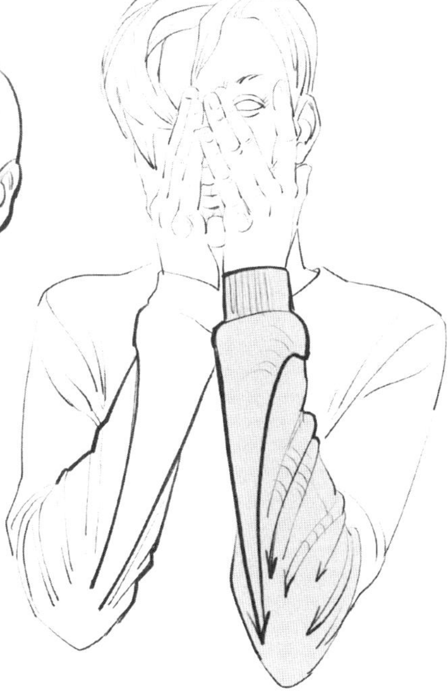

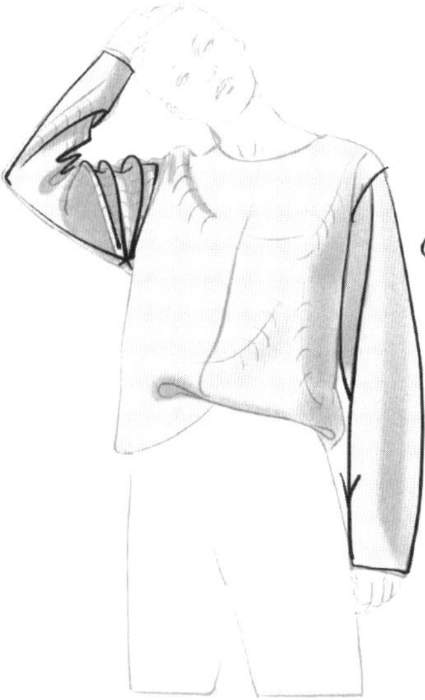

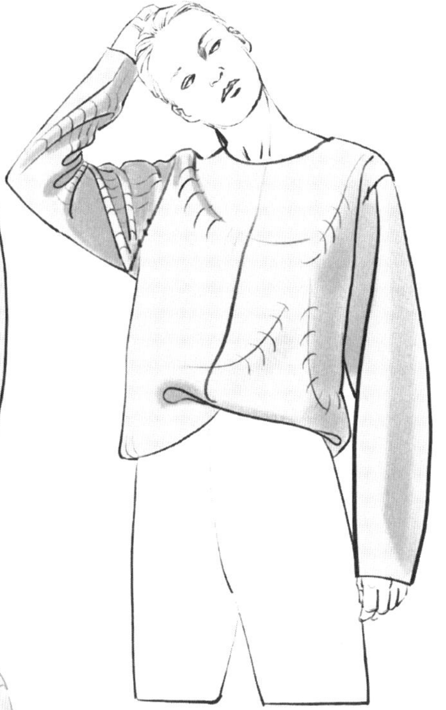

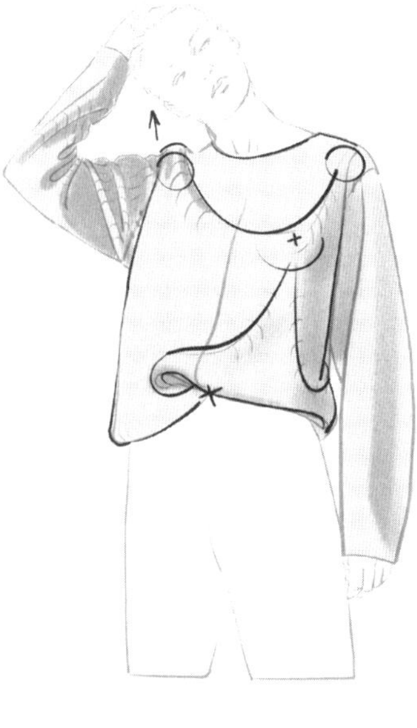

Wie oben erwähnt, haben die Armbewegungen Einfluss auf die Zeichnung des Oberkörpers, da die Ärmel meist auf Schulterhöhe angenäht sind. Bei extrem weiten Kleidungsstücken ist das besonders deutlich. Auf der rechten Seite wirkt das Kleidungsstück wie über den Arm gelegt oder am Ellenbogen aufgehängt.

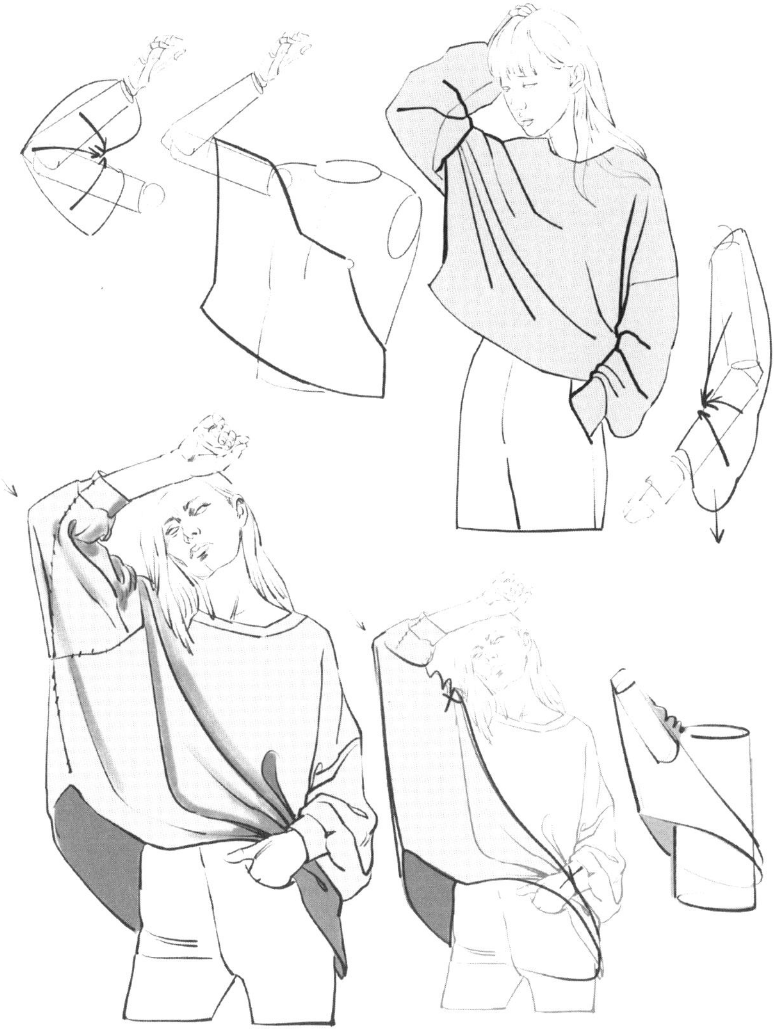

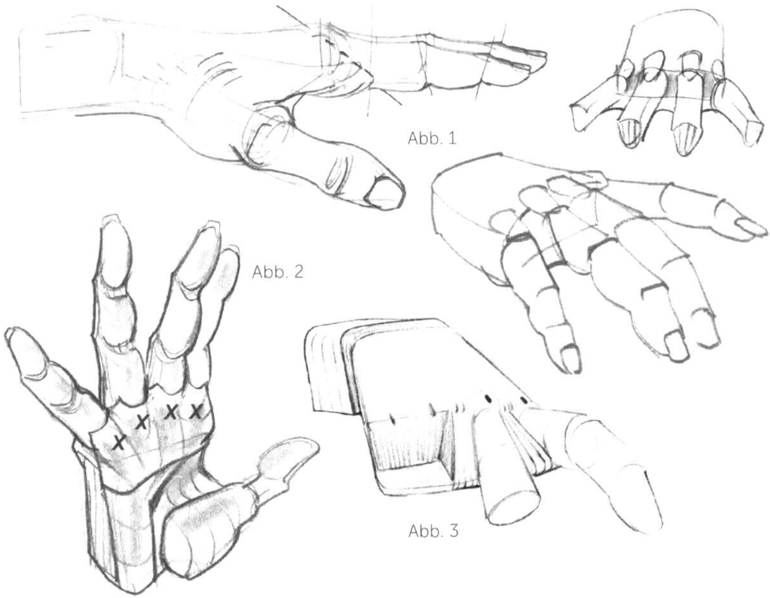

Abb. 1: Die Handknöchel sind an der Handinnenseite durch eine Fettwulst geschützt, die im Profil einen Versatz der Konturen verursacht. Sie ist auch für die »Schwimmhäute« zwischen den Fingern verantwortlich.

Abb. 2: Die Handknöchel sind mit einem Kreuz markiert.

Abb. 3 und 6: Diese »Schwimmhäute« reichen bis zur Hälfte der ersten Fingerglieder und lassen die Finger von unten betrachtet kürzer erscheinen.

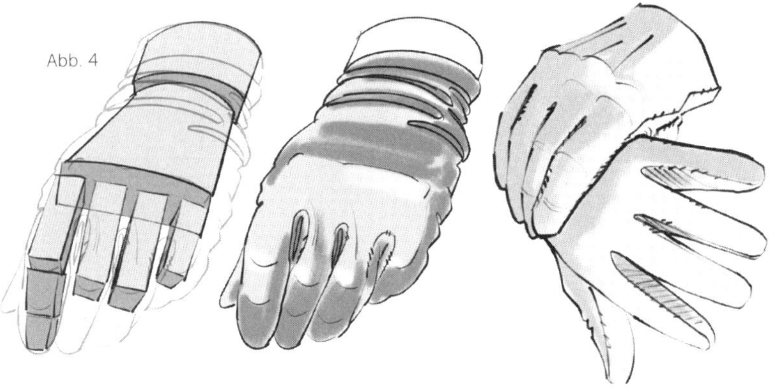

Abb. 5

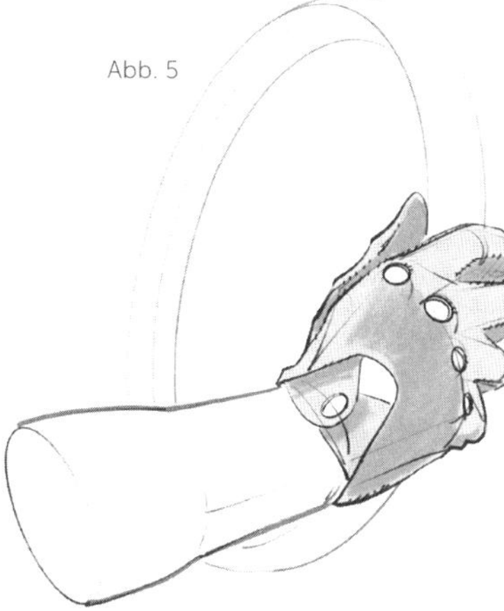

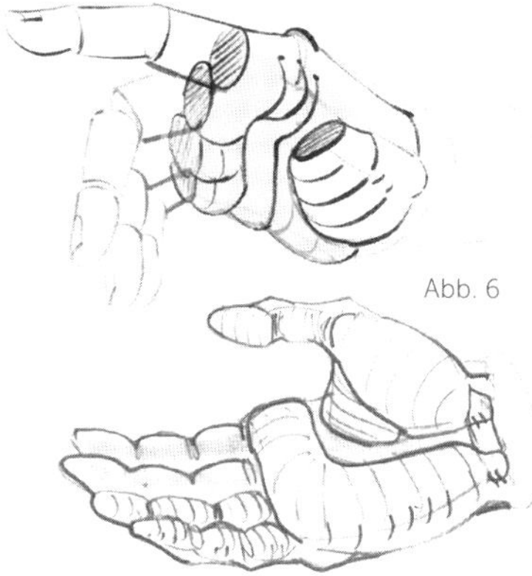

Abb. 6

Abb. 4 und 7: Durch diesen Versatz müssen die Finger vor den Handknöcheln aufhören.

Abb. 5: Diese Autohandschuhe haben Löcher an den Knöcheln, was die Knochenstruktur der Hand betont.

Abb. 7

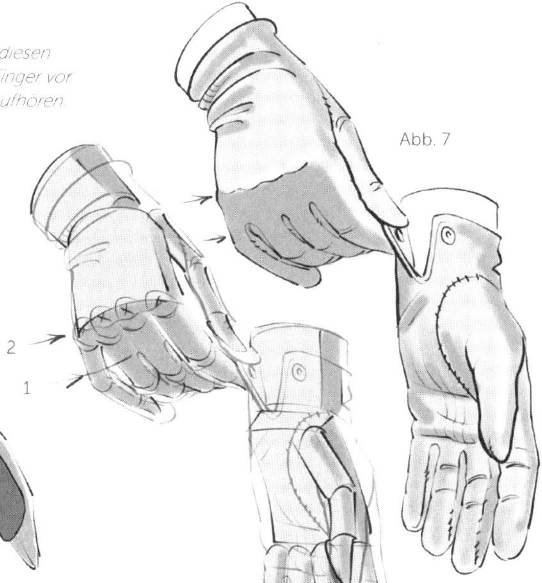

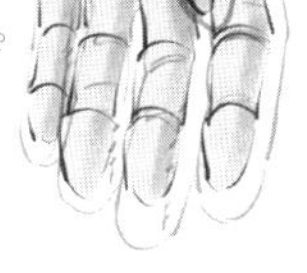

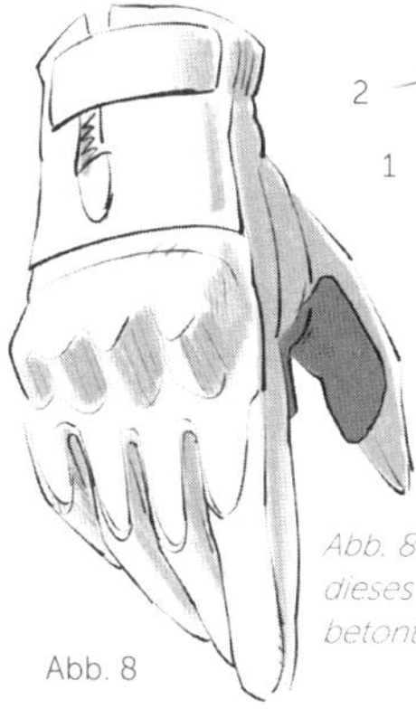

Abb. 8: Auch die Knöchelschale dieses Motorradhandschuhs betont die Handform.

Abb. 8

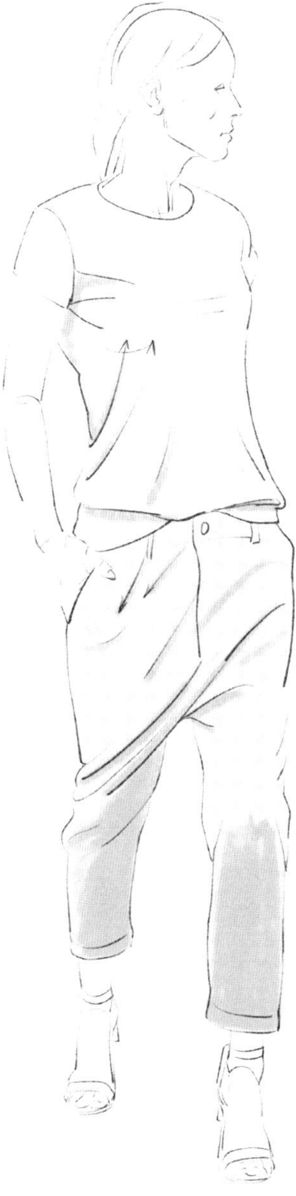

BEINE

Abb. 1: Gerade stehend mit geschlossenen Füßen sieht man im Profil, dass die verschiedenen Körpersegmente abwechselnd rechts und links von einer Lotlinie liegen, die von der Mitte des Kopfes bis zum Spann verläuft.

Abb. 2: Knie und Knöchel sind hinter diesem Lot. Der Stoff wird vor dem Becken gehalten und spannt sich unter dem Oberschenkel.

Abb. 1

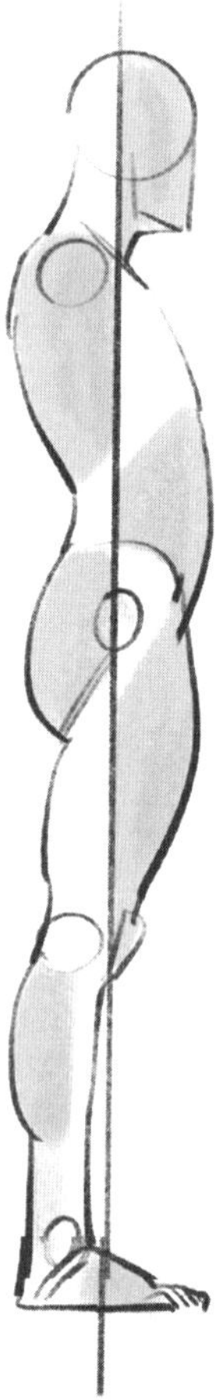

Abb. 2

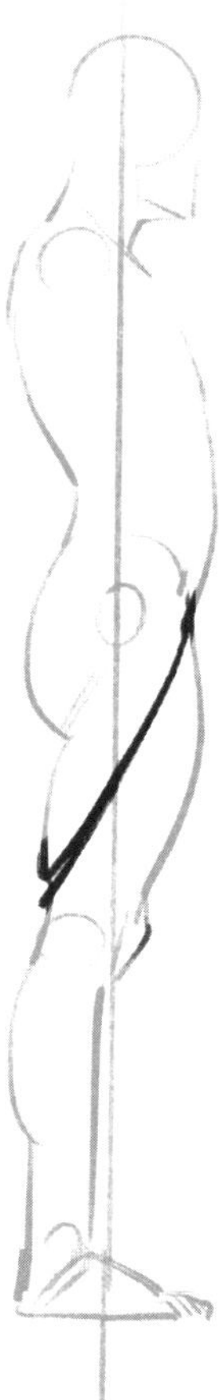

Abb. 3: Im Gegensatz dazu wird in dieser Position der Stoff hinter dem Becken gehalten, wodurch die Falten in die entgegengesetzte Richtung verlaufen.

Abb. 3

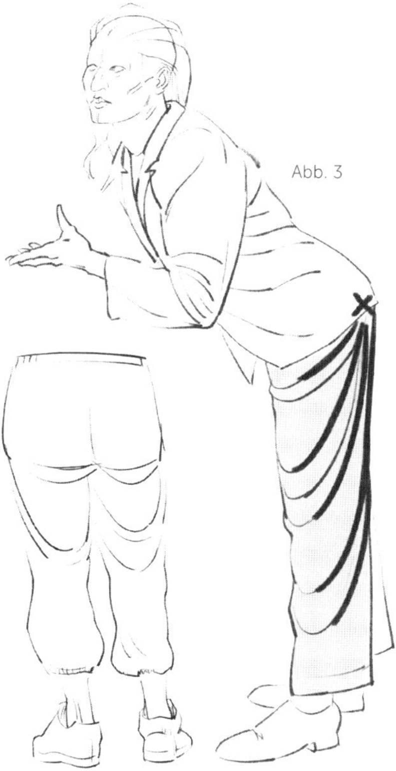

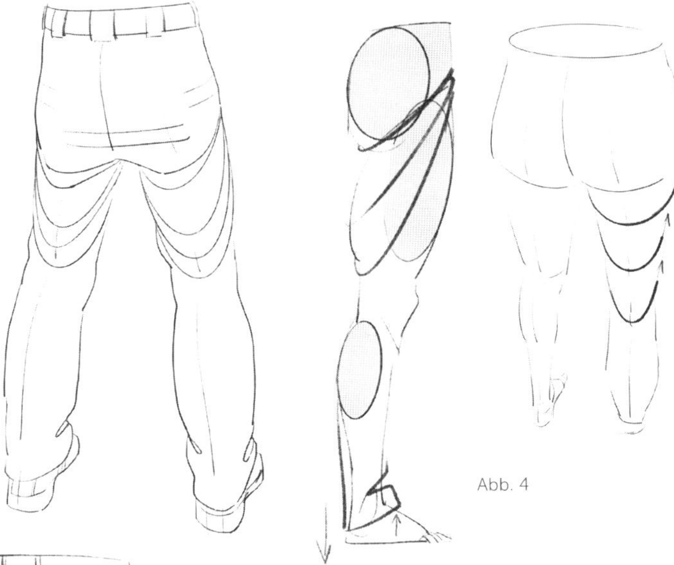

Abb. 4

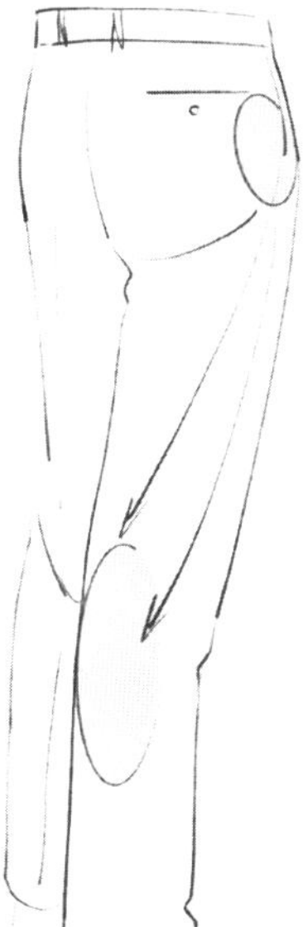

Abb. 4: Ist das Becken nach vorn geneigt, spannt es den Stoff an der Rückseite der Oberschenkel. Hinten hängt die Hose an der Wade; vorne staut sie sich auf dem Schuh.

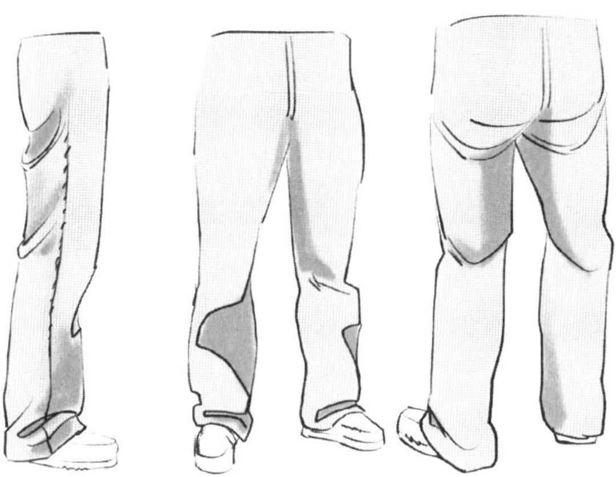

Abb. 1 bis 3: An der Wade treffen sich die Zugfalten, wenn sie besonders kräftig ist (Abb. 1), wenn das Bein nach hinten gestellt wird (Abb. 2), oder bei Hypermobilität im Kniebereich (Abb. 3).

Die Wade zieht dann den Stoff von der Beckenvorderseite sowie in umgekehrter Richtung vom unteren Schienbein zu sich.

Abb. 1

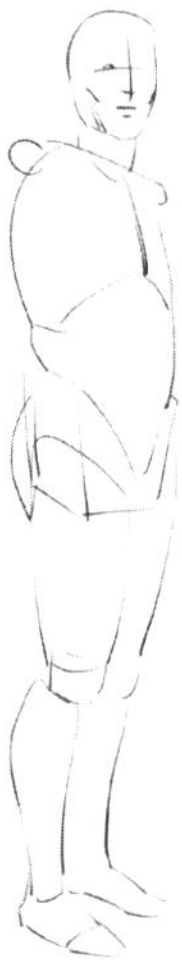

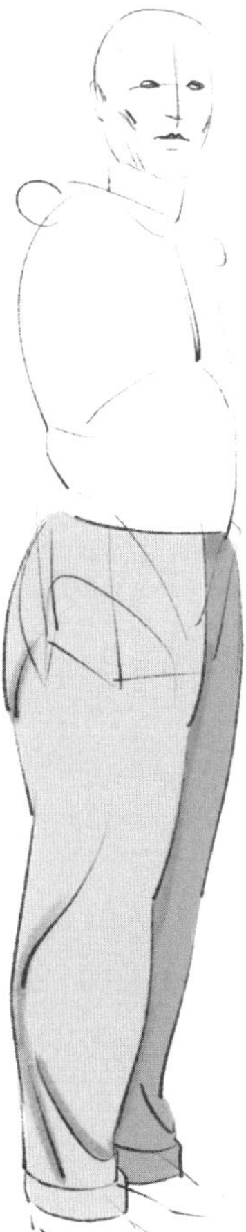

Abb. 2

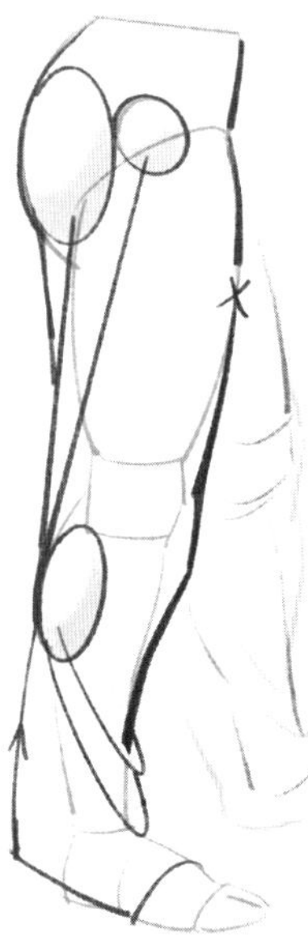

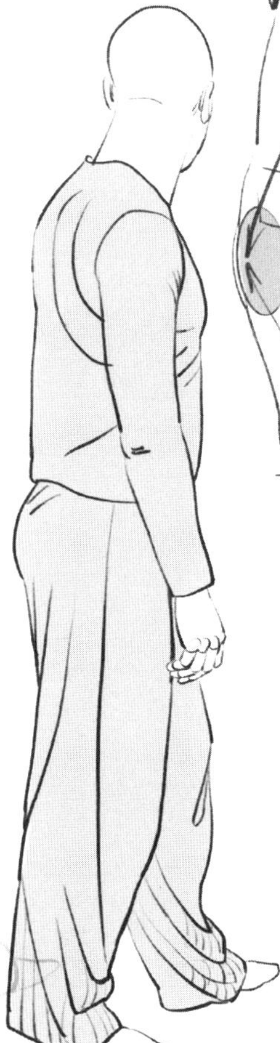

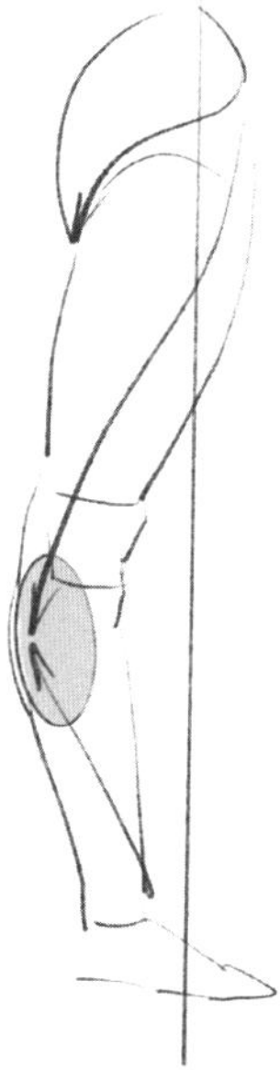

Abb. 3

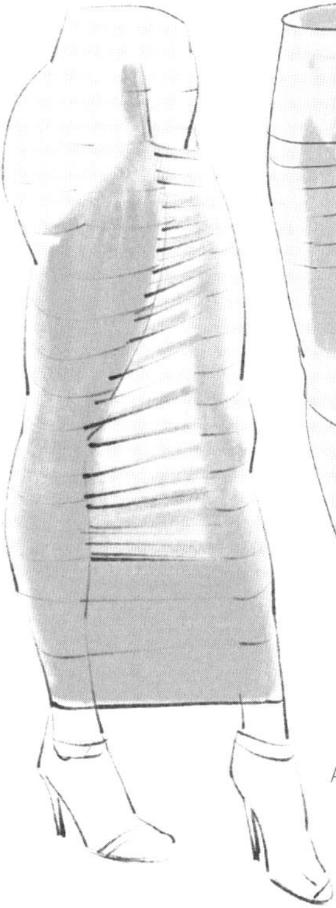

Abb. 4

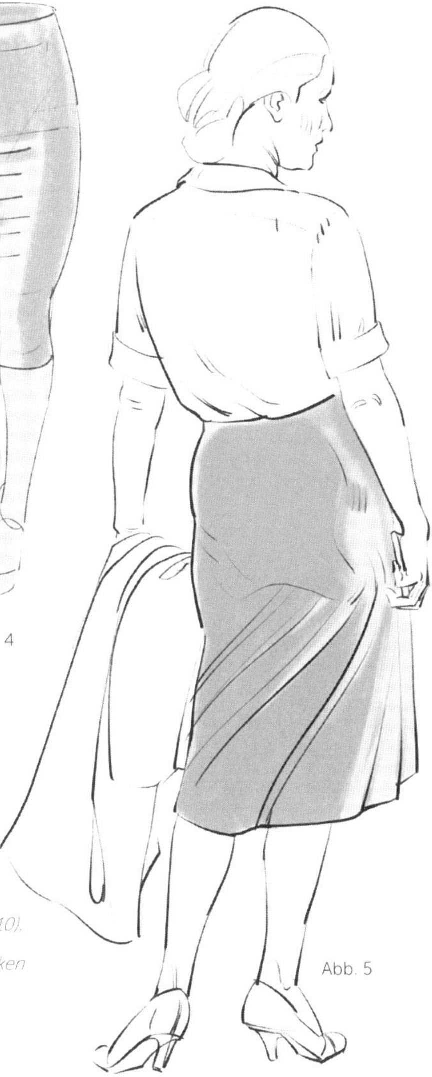

Abb. 5

Abb. 4: Eng anliegende Kleidung erzeugt Querfalten, die den Körper umschließen. Diese beiden Röcke schmiegen sich um die Konturen der Oberschenkel und Hüften und spannen sich zwischen den Oberschenkeln (siehe Einleitung auf Seite 10).

Abb. 5: Bei weiter geschnittenen Röcken folgen die Zugfalten eher der Körperhaltung (hier eingeknickt stehend) als der Körperform.

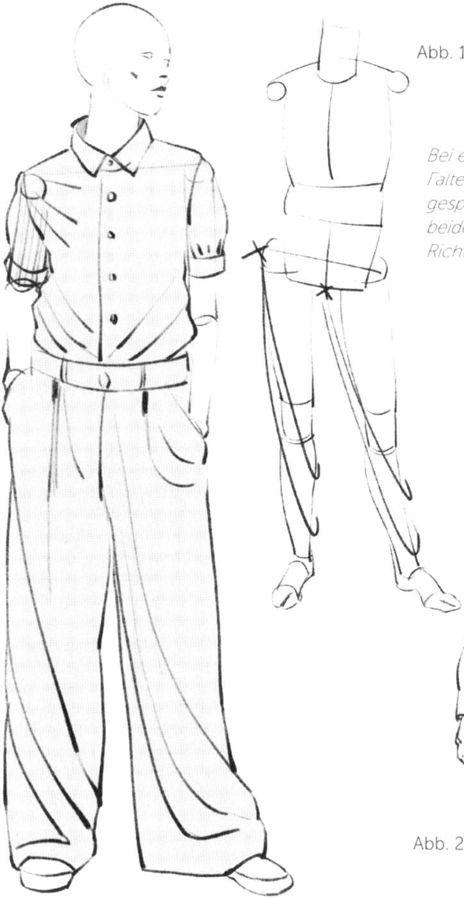

Abb. 1

Bei eingeknicktem Stand sind die Falten nicht mehr symmetrisch gespiegelt. Sie verlaufen bei beiden Beinen in die gleiche Richtung.

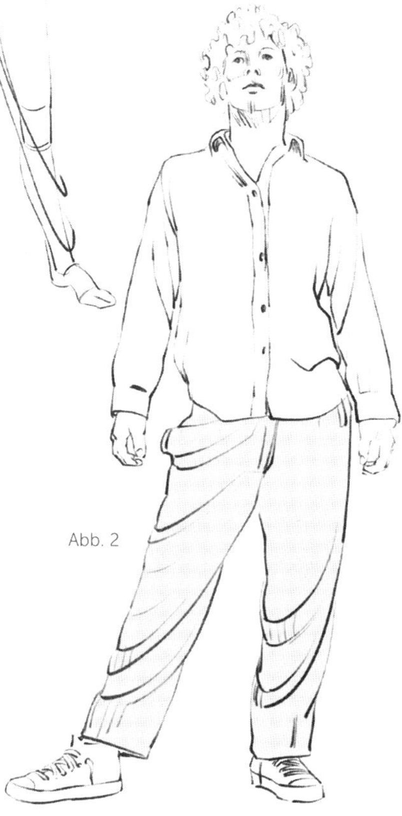

Abb. 2

Abb. 1 und 2: Das Becken kippt, und das Kleidungsstück bleibt auf der einen Seite an der höheren Hüfte und auf der anderen Seite an der Schrittnaht hängen.

Abb. 3

Auf dieser Seite verlaufen die Falten über den Schritt. Die in die Taschen gesteckten Hände betonen und verstärken die Bewegung (Abb. 3).

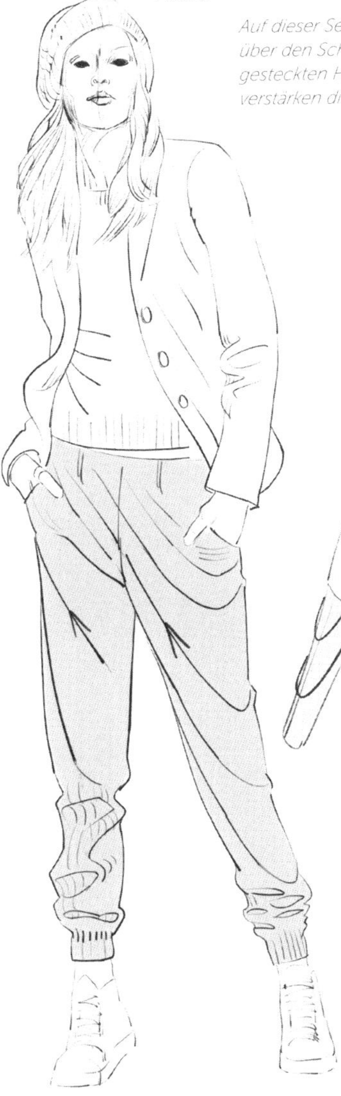

Abb. 4

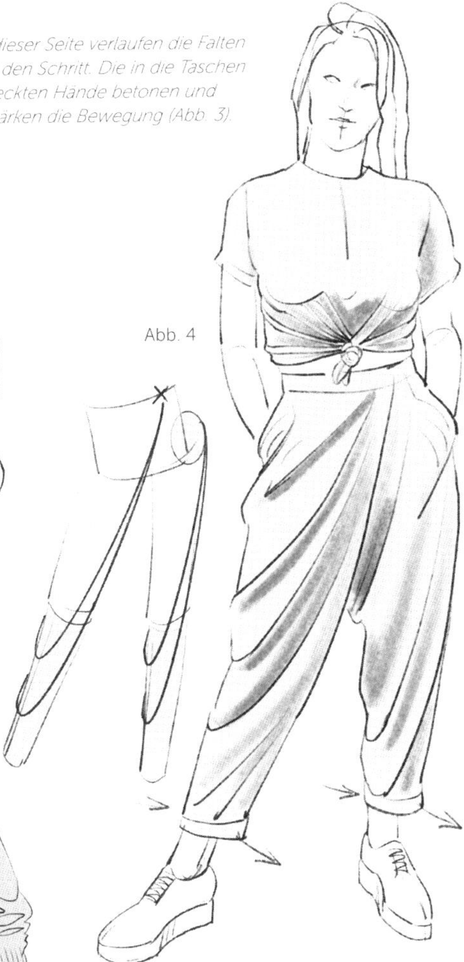

Abb. 4: Hier sorgt der Schnitt dafür, dass die Falte nicht im Schritt aufhört, sondern sich bis zum Bund fortsetzt.

Abb. 1

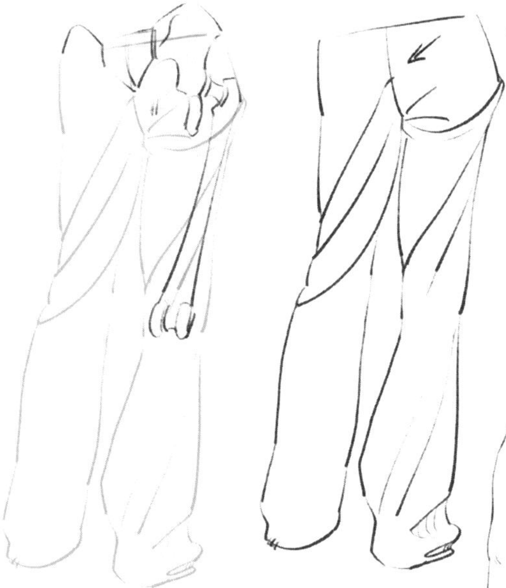

Abb. 1: Im eingeknickten Stand kippt das Becken, und die Hüfte wird zum Zugpunkt.

Abb. 1 und 2: Auf der Seite ohne Gewicht treffen die Falten hier auf die Gesäßnaht (Pfeile) ...

Abb. 2

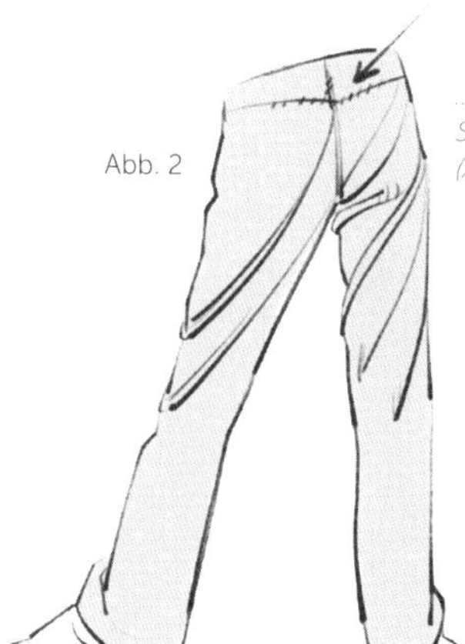

... statt direkt zum Schritt zu führen (Abb. 3).

Abb. 3

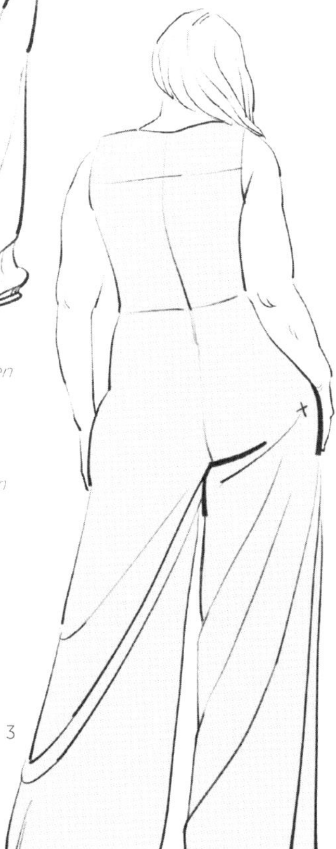

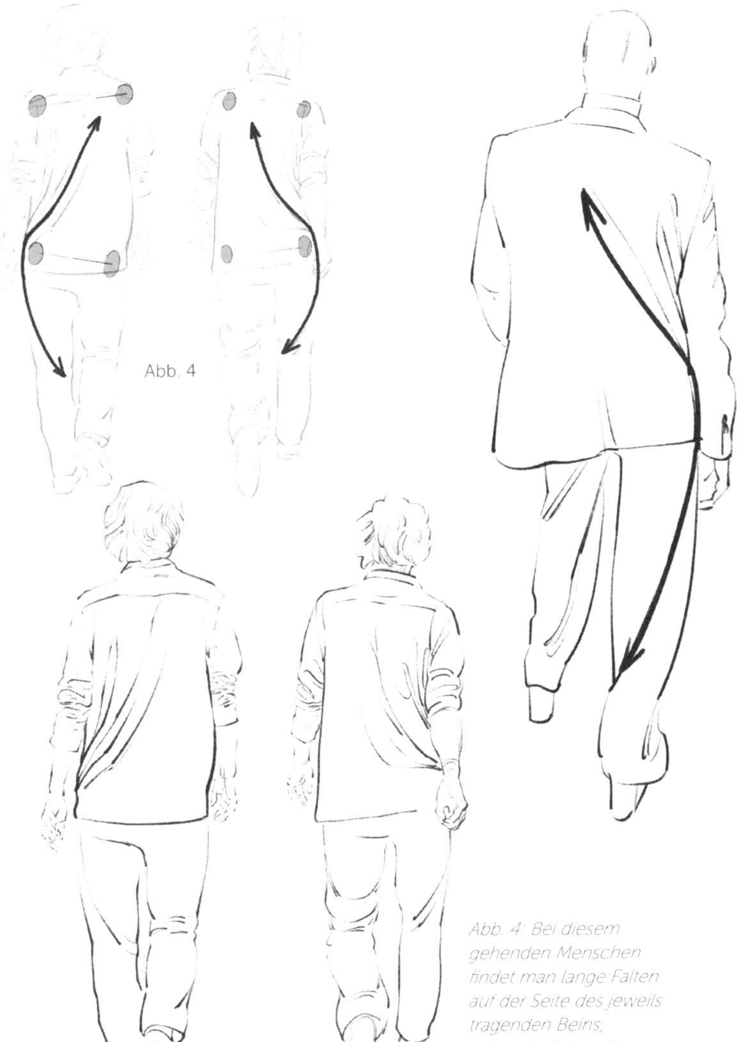

Abb. 4: Bei diesem gehenden Menschen findet man lange Falten auf der Seite des jeweils tragenden Beins, entweder links oder rechts.

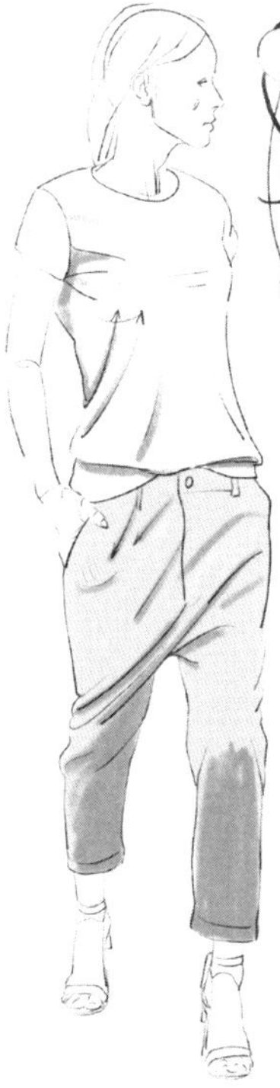

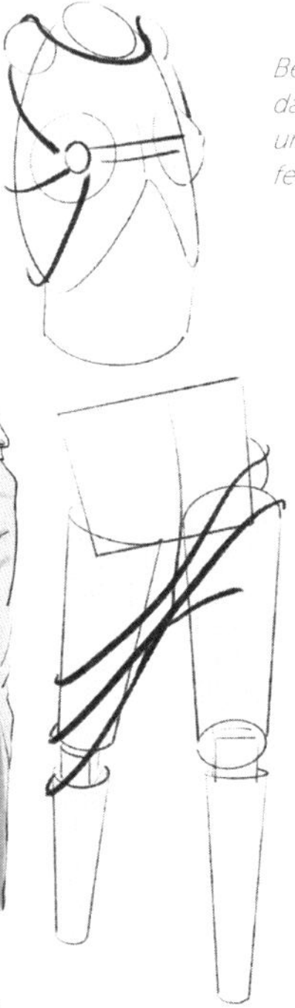

Bei gespreizten Beinen zieht das vordere Bein am Stoff, und am hinteren wird er festgehalten.

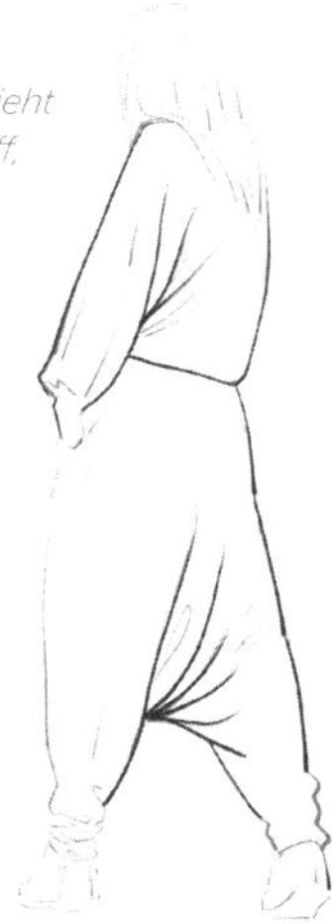

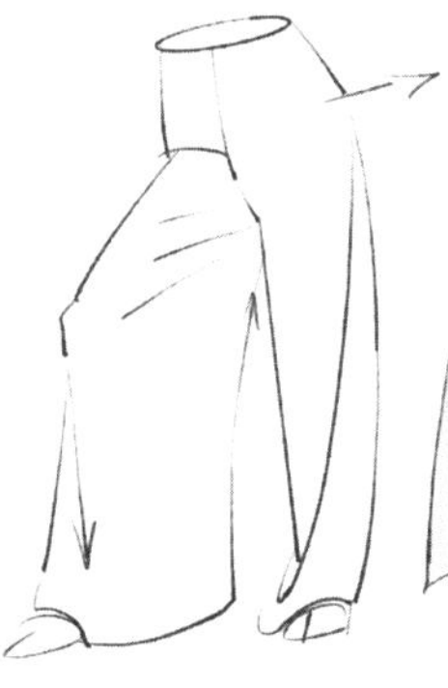

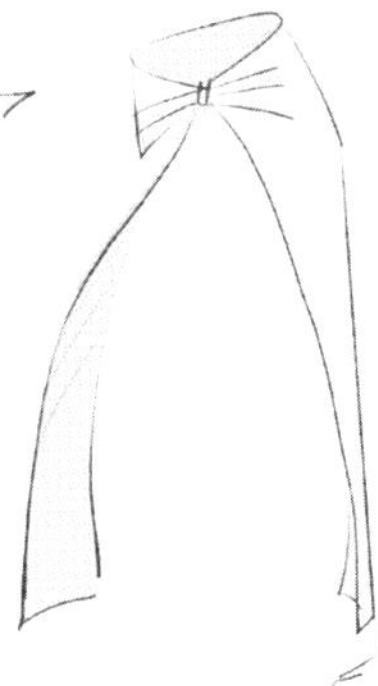

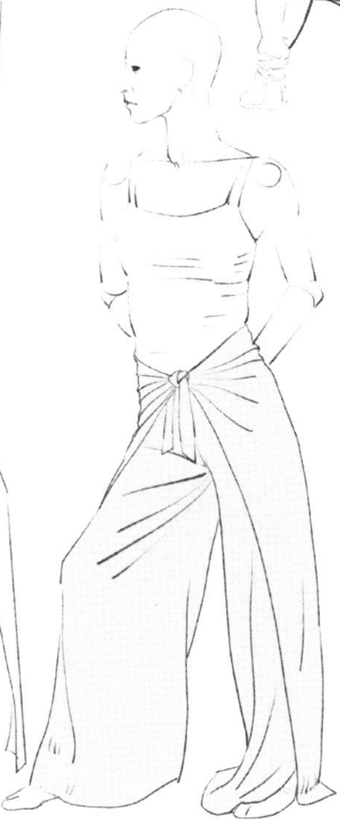

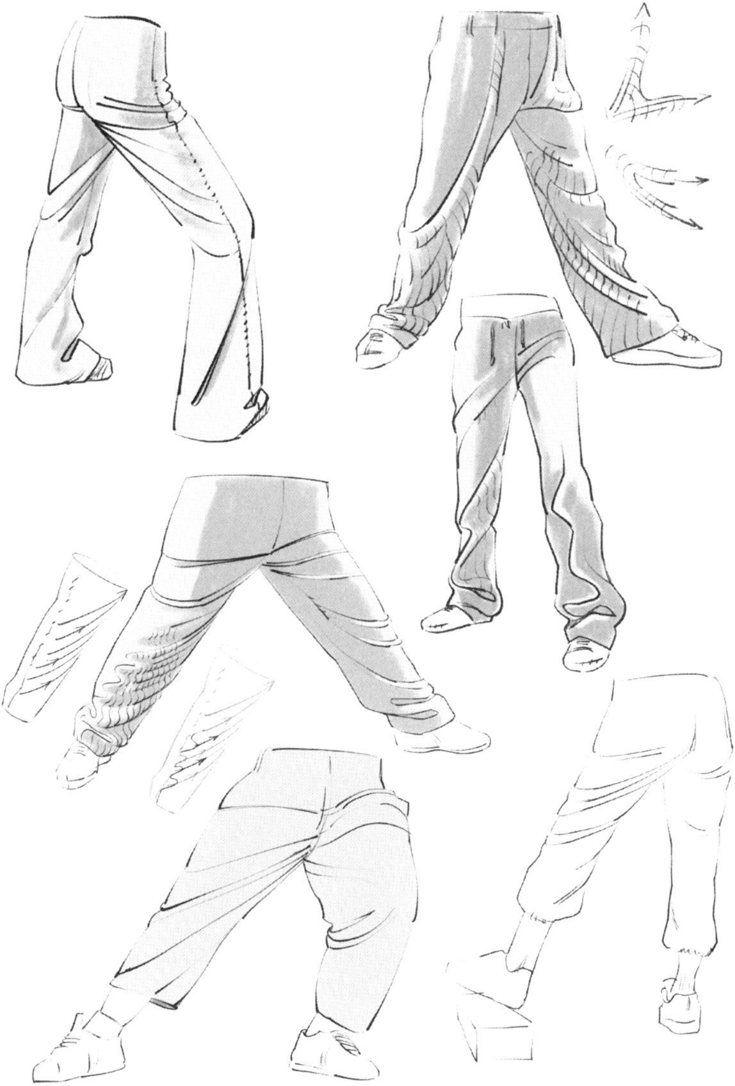

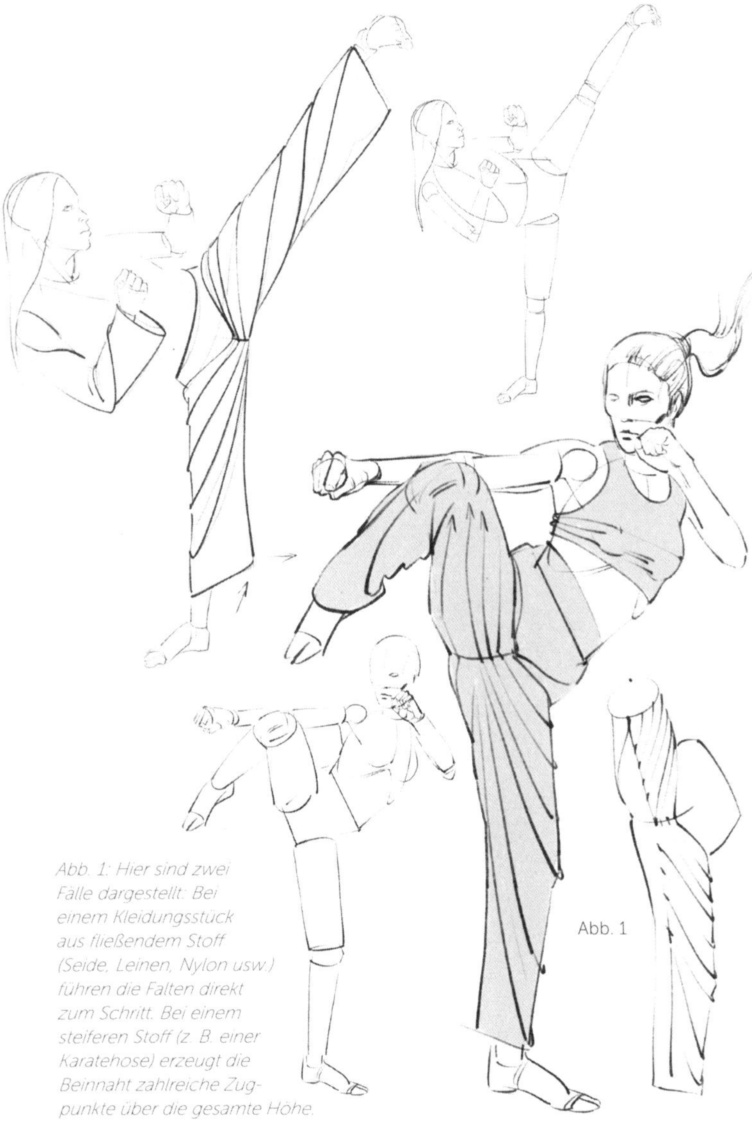

Abb. 1: Hier sind zwei Fälle dargestellt: Bei einem Kleidungsstück aus fließendem Stoff (Seide, Leinen, Nylon usw.) führen die Falten direkt zum Schritt. Bei einem steiferen Stoff (z. B. einer Karatehose) erzeugt die Beinnaht zahlreiche Zugpunkte über die gesamte Höhe.

Abb. 1

Abb. 2: Bei Shorts ist das Prinzip dasselbe. Der Zug wird nur auf die Oberschenkel übertragen.

Beachte die Falte, die quer von einem Hüftgelenk zum anderen verläuft.

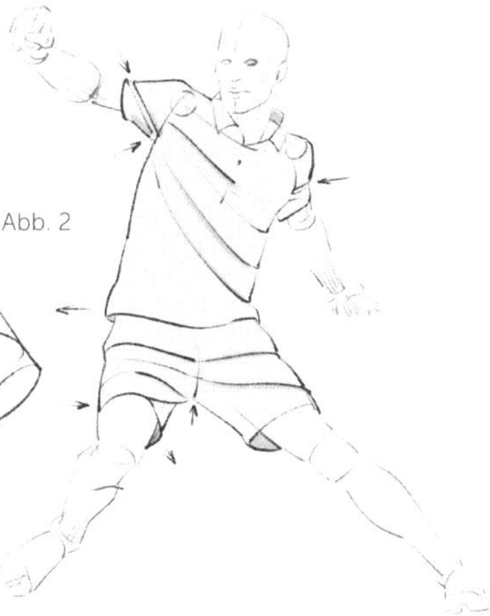

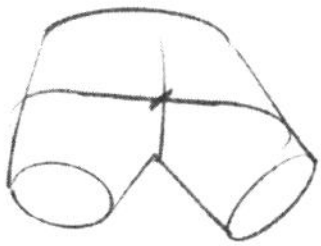

Abb. 2

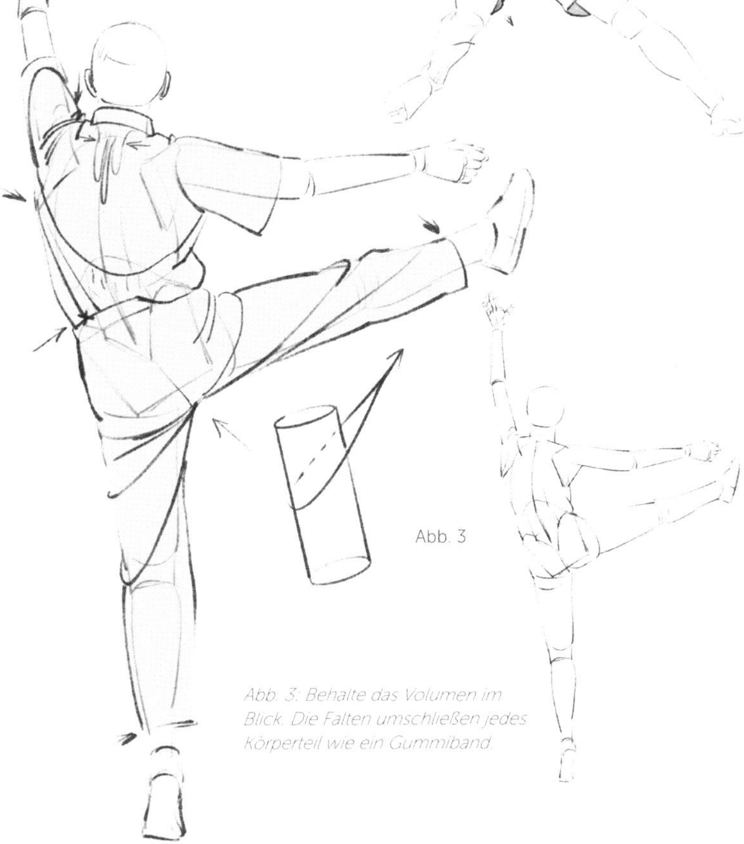

Abb. 3

Abb. 3: Behalte das Volumen im Blick. Die Falten umschließen jedes Körperteil wie ein Gummiband.

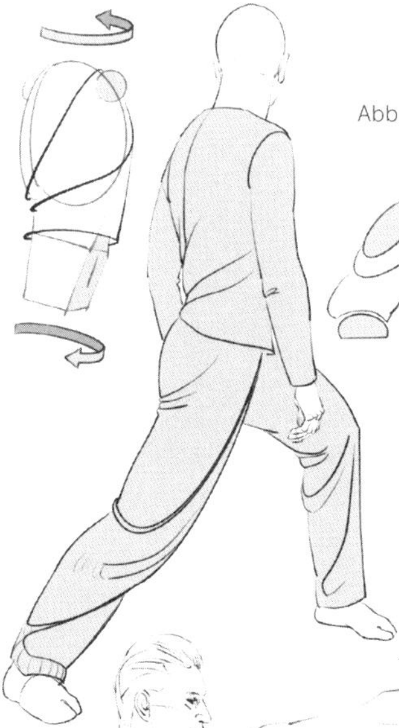

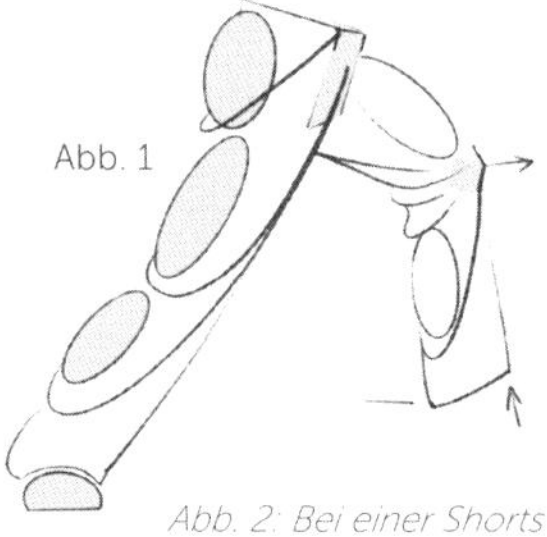

Abb. 1

Bei gebeugtem Bein zieht das Knie am Stoff, der auf der Oberschenkel-innenseite an der Schrittnaht (Abb. 1 und 3) und außen am Po (Abb. 4) festgehalten wird.

Abb. 2: Bei einer Shorts gilt das gleiche Prinzip. Das Knie ist nicht mehr der äußerste Punkt, und der Zug geht von den Wölbungen der Oberschenkel aus.

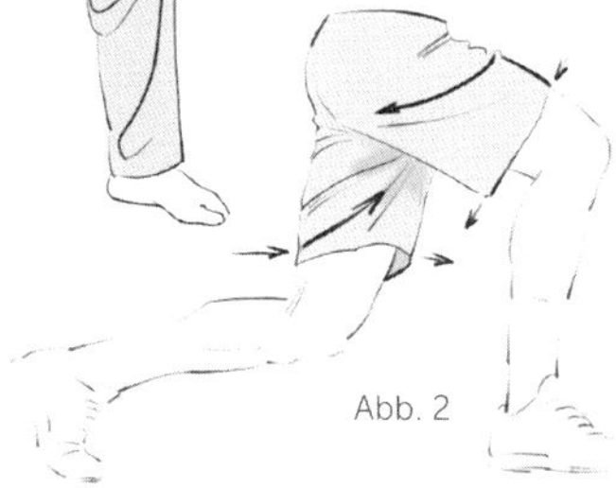

Abb. 2

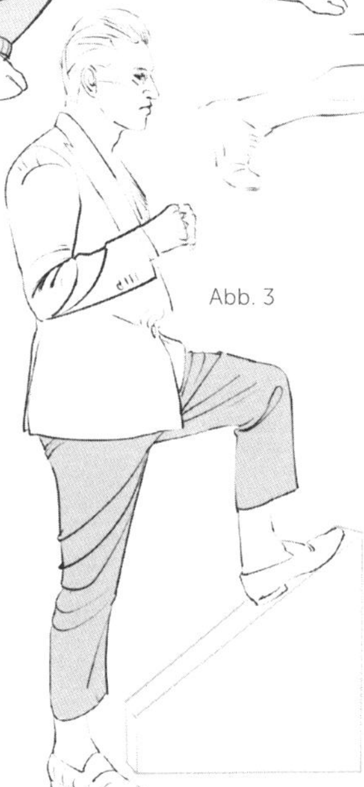

Abb. 3

Abb. 4: Beachte hier, wie die Hand den Stoff einengt.

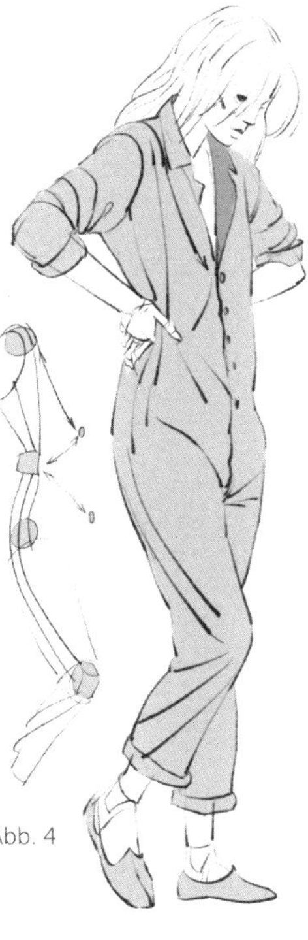

Abb. 4

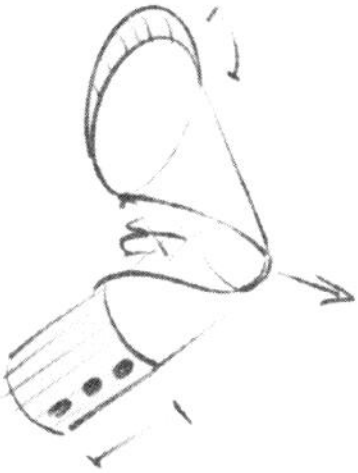

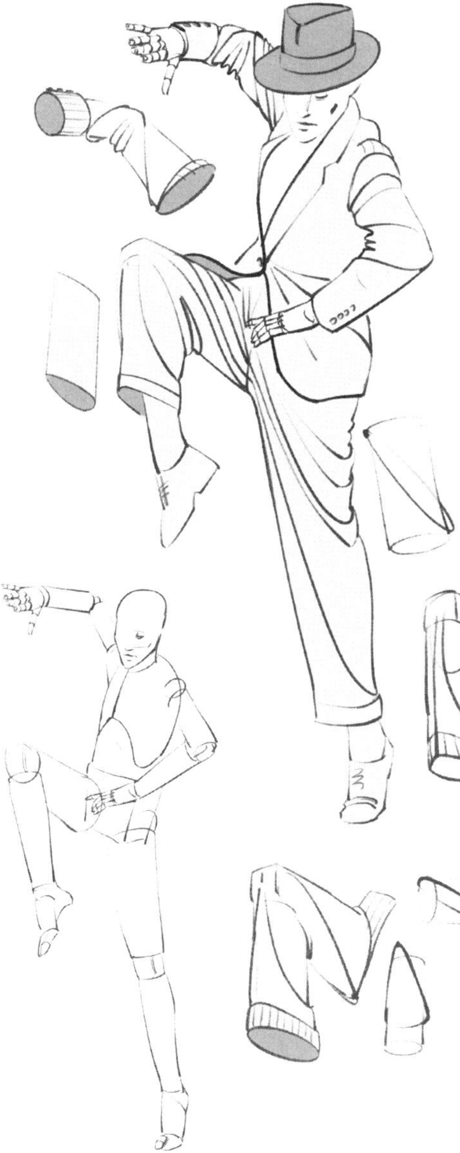

An allen gebeugten Gliedmaßen, egal ob Arm oder Bein, entstehen Beugefalten nach dem gleichen Prinzip (siehe Einführung auf Seite 9).

Der Ellenbogen hat die gleiche Wirkung wie das Knie. Die Falten gehen von den Schrittnähten bzw. der Achselhöhle aus. Sie umschließen den Fußknöchel bzw. das Handgelenk.

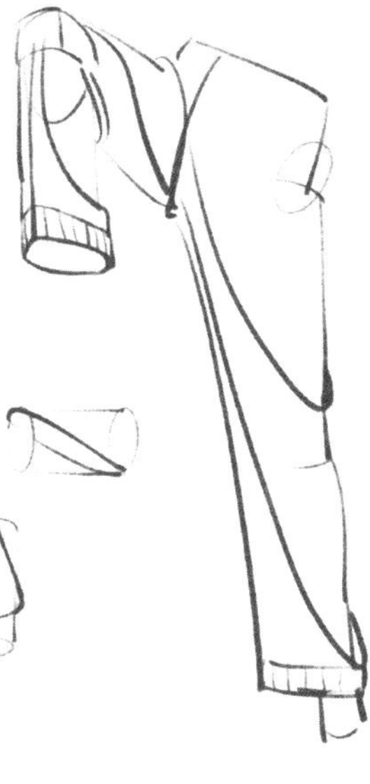

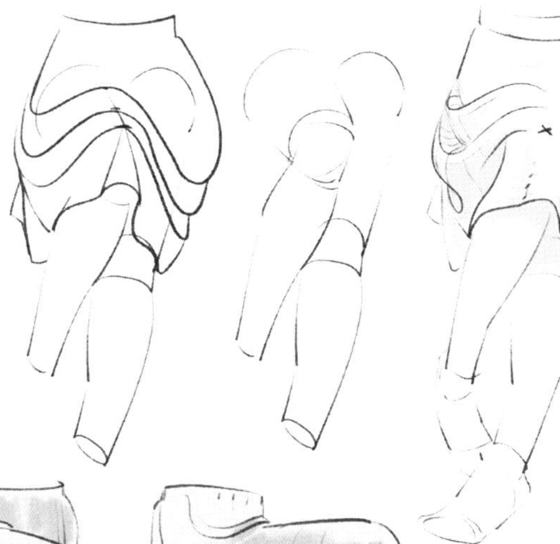

Abb. 1

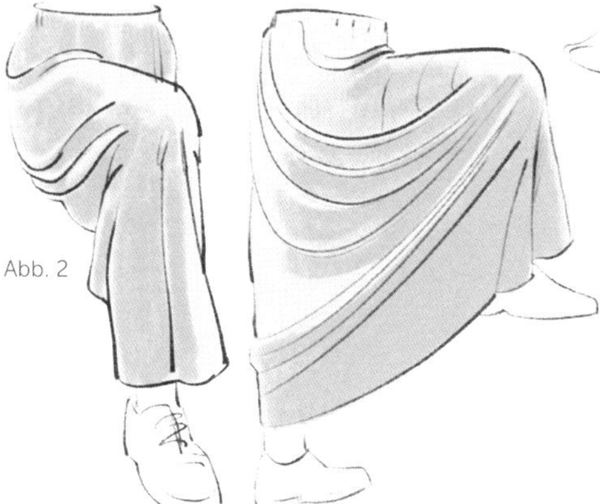

Abb. 2

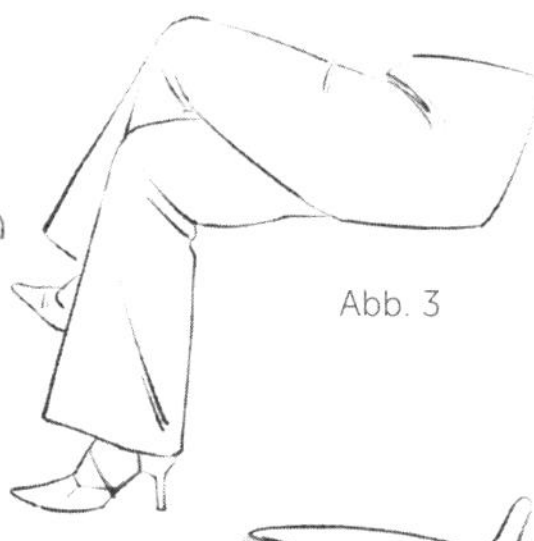

Abb. 3

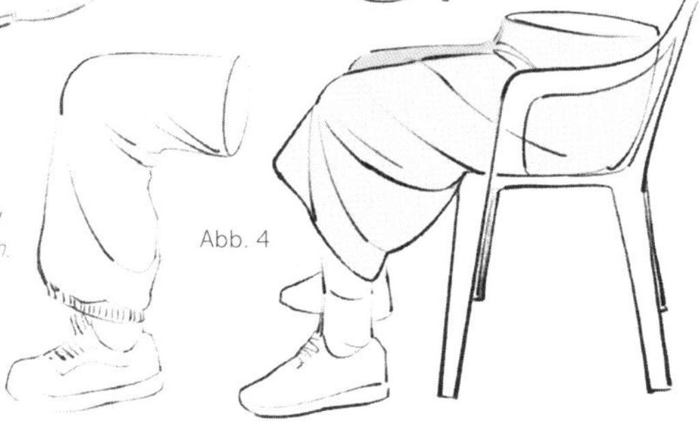

Abb. 4

Abb. 1 und 2: Hier kommen Hängefalten (siehe Einleitung auf Seite 6) und Beugefalten (siehe Einleitung auf Seite 9) zusammen.

Abb. 3 und 4: Das Prinzip ist gleich, unabhängig vom Kleidungsstück.

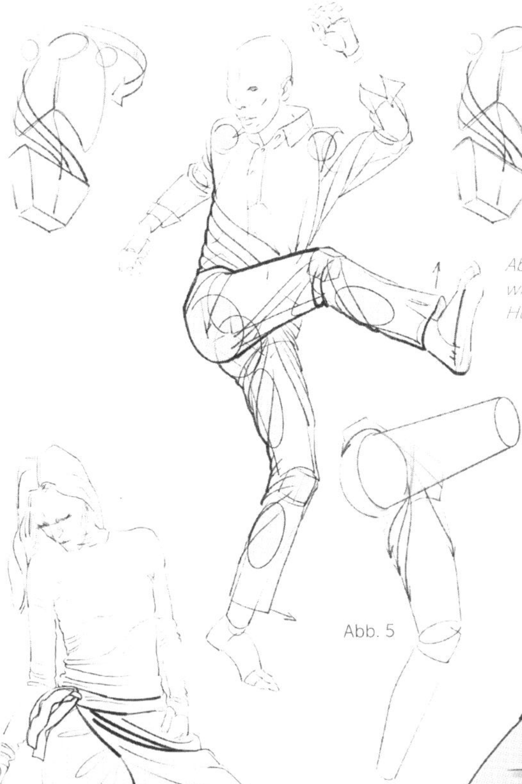

Abb. 5

Abb. 5: Die Falten winden sich um das Hüftgelenk.

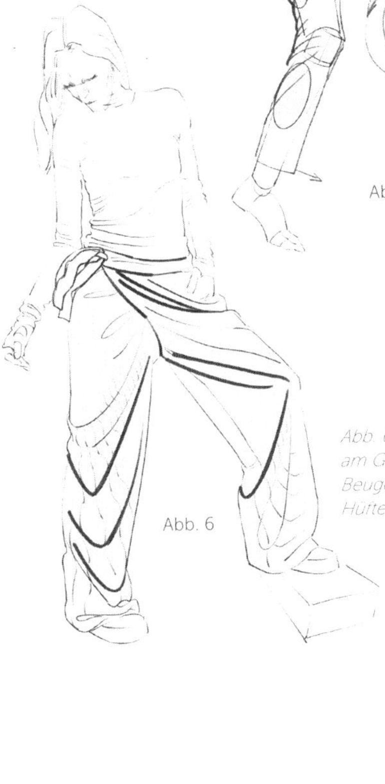

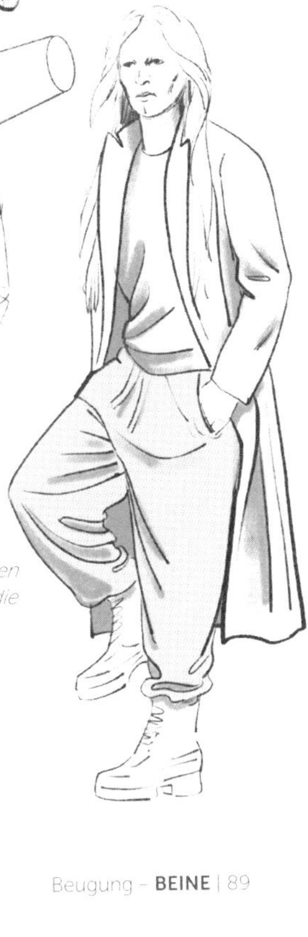

Abb. 6

Abb. 6: Der Knoten am Gürtel lenkt die Beugefalten der Hüfte zu sich ab.

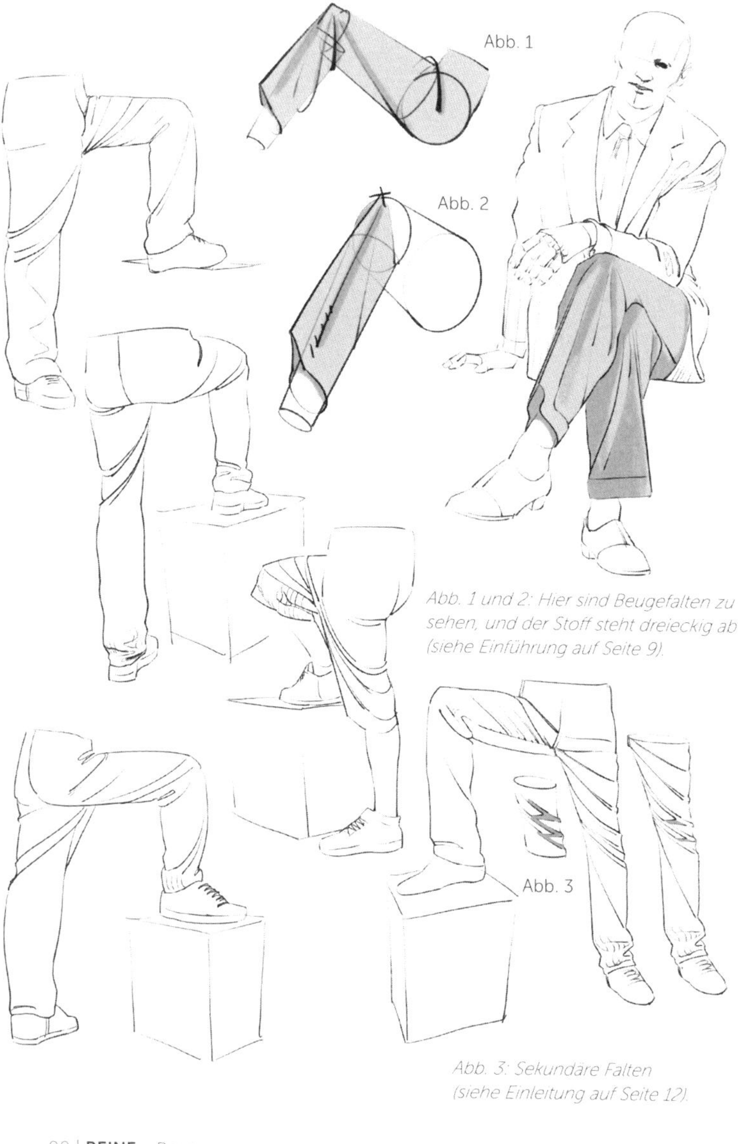

Abb. 1 und 2: Hier sind Beugefalten zu sehen, und der Stoff steht dreieckig ab (siehe Einführung auf Seite 9).

Abb. 3: Sekundäre Falten (siehe Einleitung auf Seite 12).

Abb. 4 und 7: Bei gebeugtem Oberschenkel verläuft eine Beugefalte vom Po bis zur Schrittnaht.

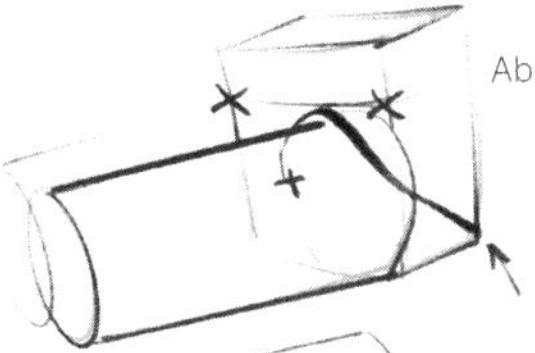

Abb. 4

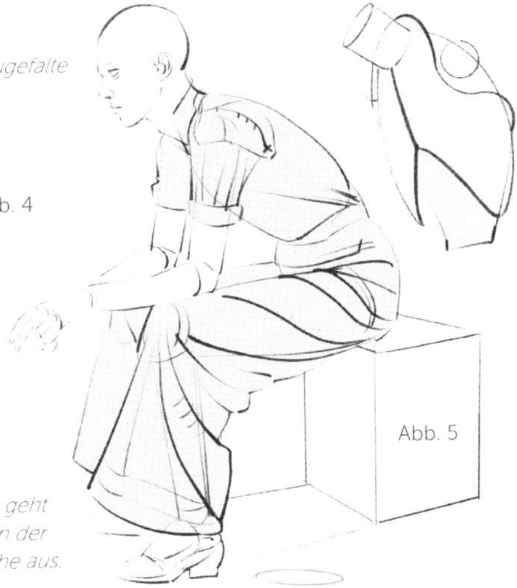

Abb. 5

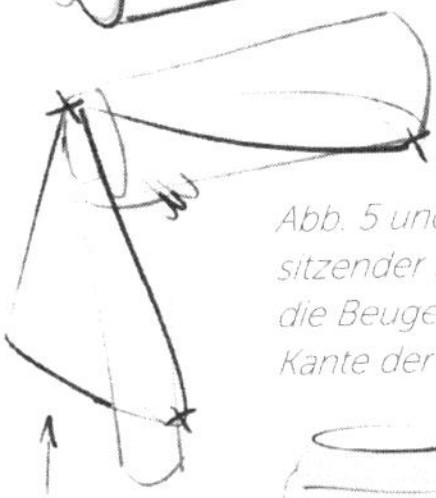

Abb. 5 und 6: In sitzender Haltung geht die Beugefalte von der Kante der Sitzfläche aus.

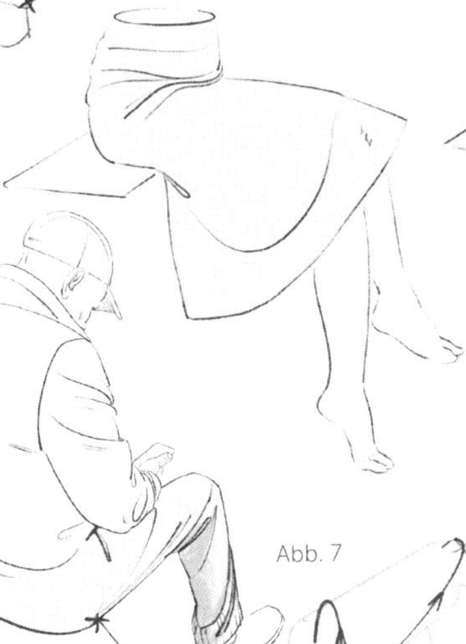

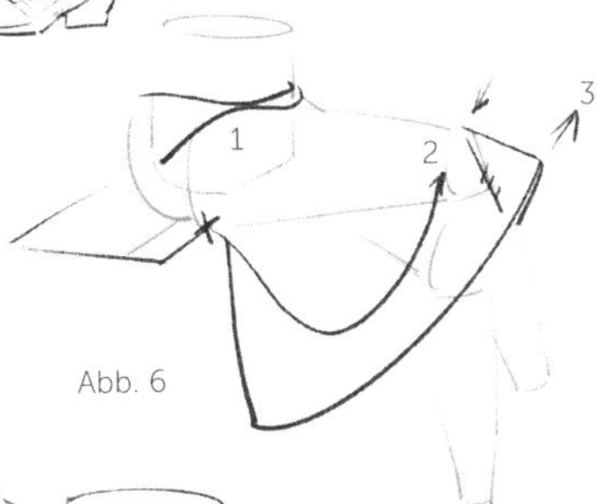

Abb. 6

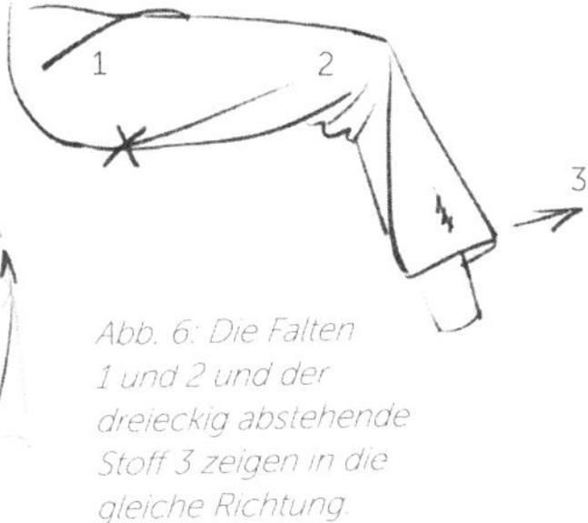

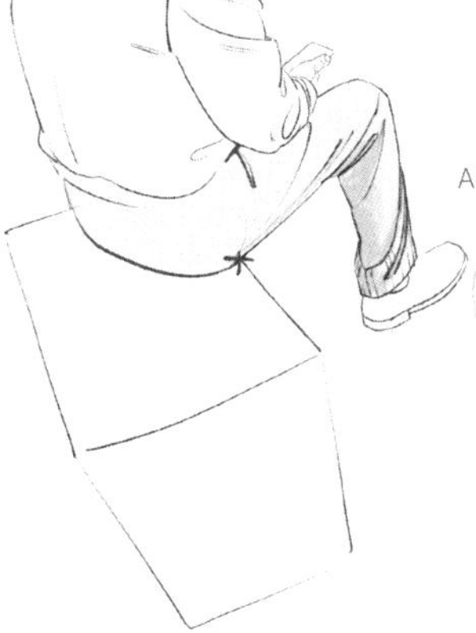

Abb. 7

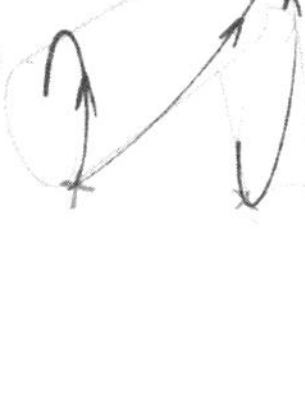

Abb. 6: Die Falten 1 und 2 und der dreieckig abstehende Stoff 3 zeigen in die gleiche Richtung.

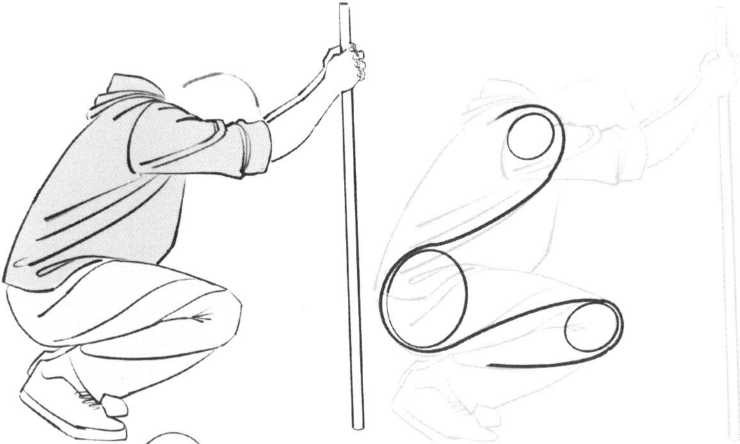

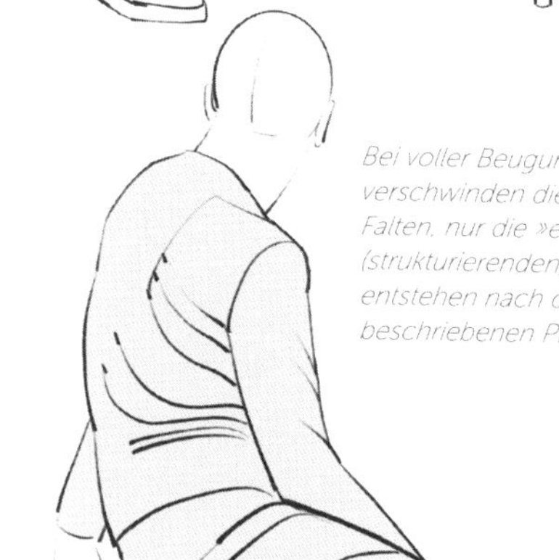

Bei voller Beugung verschwinden die falschen Falten, nur die »echten« (strukturierenden) Falten entstehen nach den bereits beschriebenen Prinzipien.

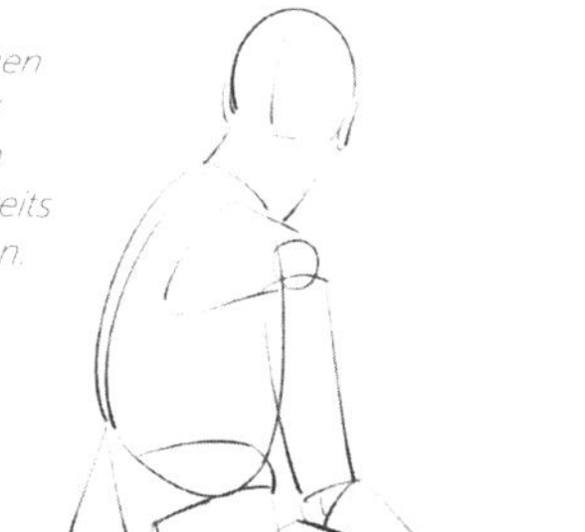

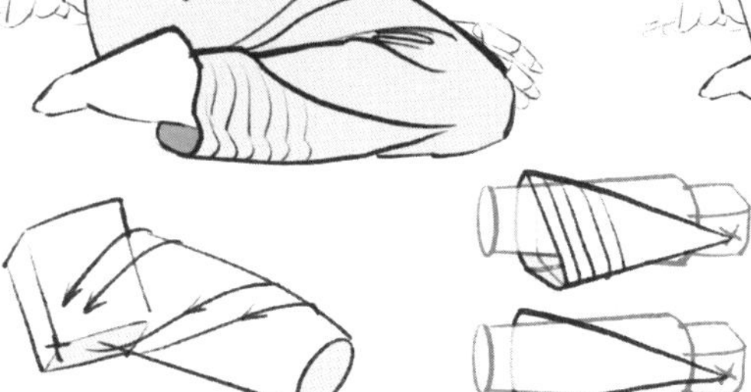

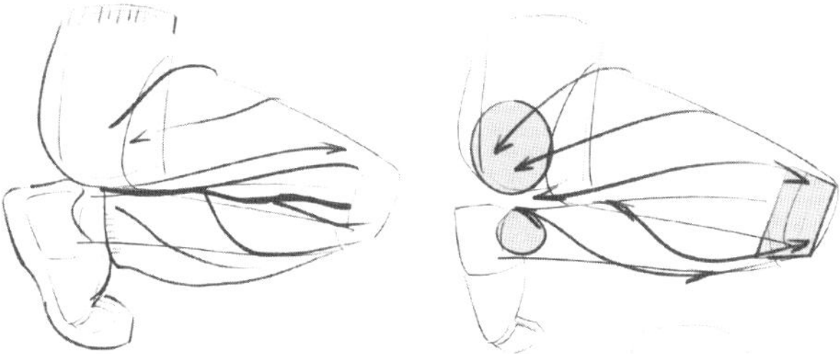

Bei voller Beugung sind die Beugefalten und der abstehende Stoff unter dem Knie trotz des Gummibandes am Knöchel sowohl innen als auch außen am Bein gut zu erkennen.

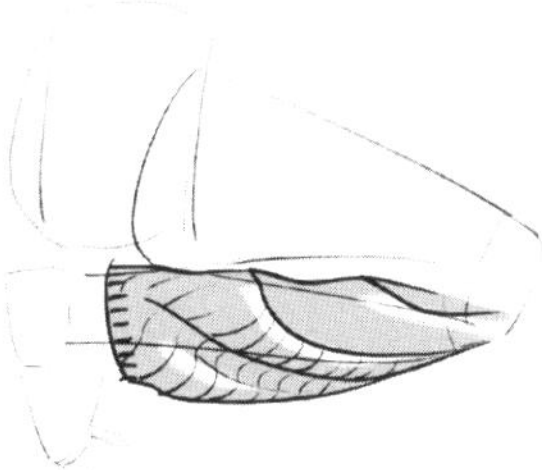

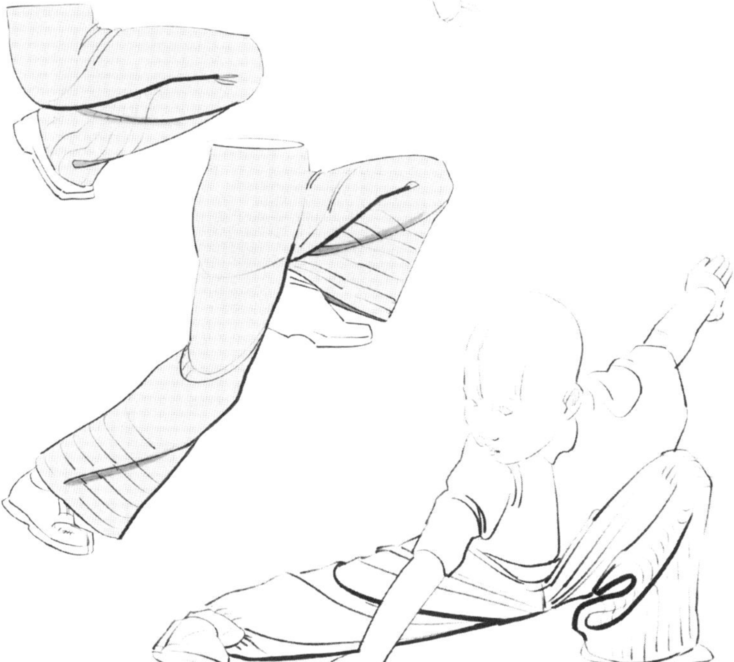

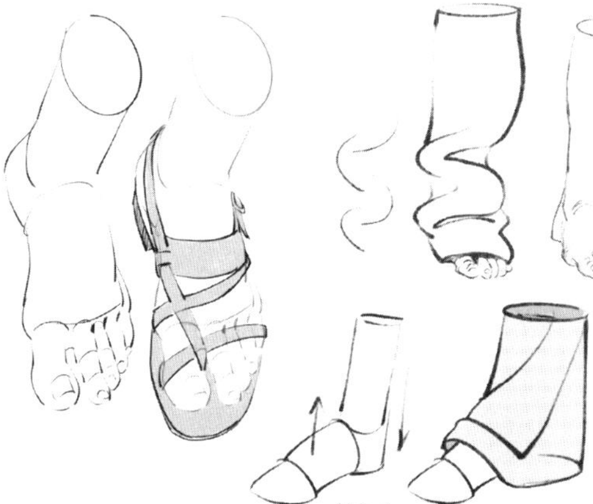

Abb. 1

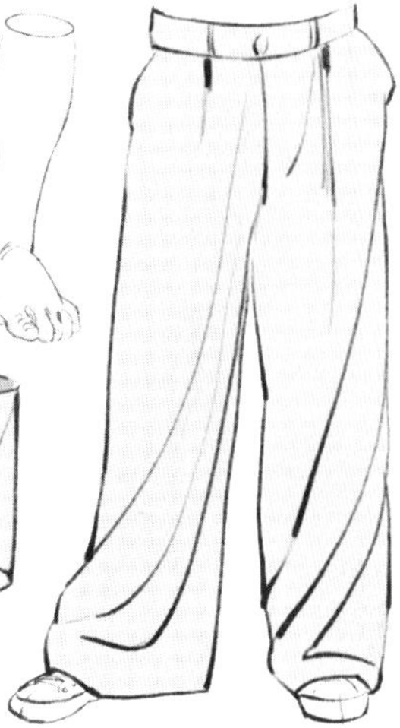

Abb. 1–3: Der Fuß zeichnet sich unter langen Hosen ab, die auf dem Spann aufliegen.

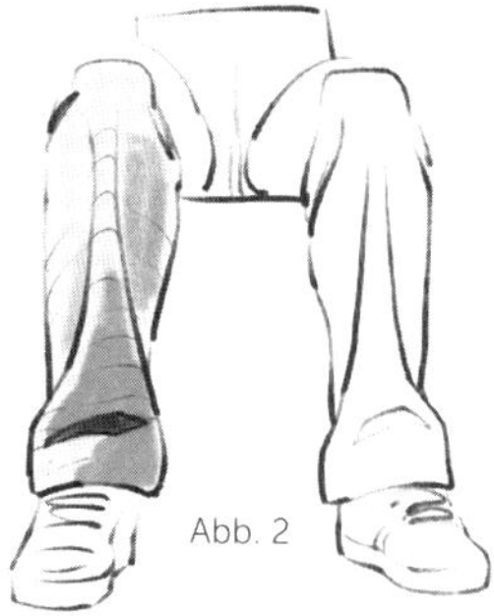

Abb. 2

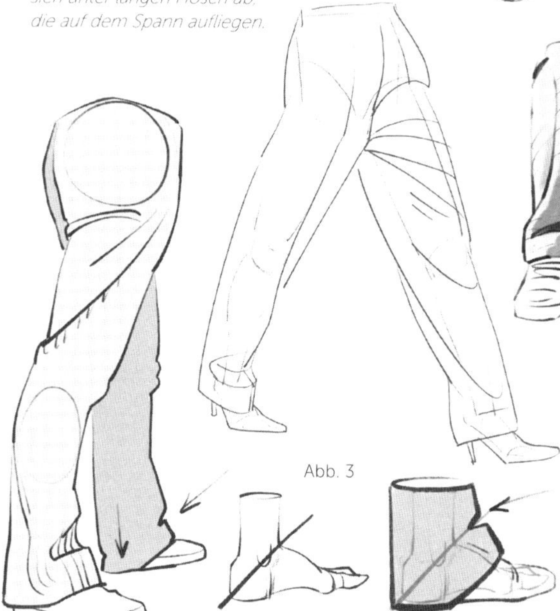

Abb. 3

Abb. 2: Steife und dicke Stoffe (hier eine Jeans) haben ein »Gedächtnis«. Die Auflagefalte über dem Fuß bleibt in jeder Position erhalten.